■■ 内定獲得のメソッド

一般常識

即戦力 問題集

もくじ CONTENTS

本書の使い方

本書は就職採用試験で出題される一般常識を解くために必要な知識を身につけることを目的に、過去の出題傾向を分析してまとめた対策本です。

Part 1 一般常識

「一般常識」は科目別になっており、「国語」「地理」「歴史」「生物」「物理」「化学」「地学」「数学」「社会一般」「英語」の10項目に分類されています。どの科目にもまんべんなく取り組み、苦手分野を克服して試験に臨むようにしましょう。

ここを押さえよう

各科目について、知っておきたいポイントを箇条書きにしています。出題傾向や対策がわかるので、頭に入れておきましょう。

解答&解説

解答の要旨に留まらず、関連知識なども身につけられるように詳しく解説しています。赤シートを重ねると解答が隠せるので、適宜利用して理解を深めてください。

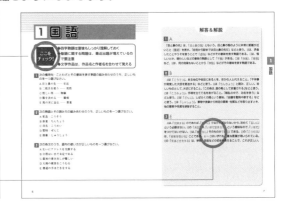

Part 2 傾向と対策

190ページから199ページにかけて、各科目に対する対策、勉強すべきポイントを載せています。出題傾向や、勉強を進める上での留意点、重要項目など、押さえておきたい情報が網羅されているので、学習を始める前に一読しておくとよいでしょう。効果的な試験対策に役立ててください。

科目ごとに狙われやすいポイントを紹介しているので、押さえておきましょう。

単元の中でまちがえやすいものをまとめています。ここできちんと覚えておきましょう。

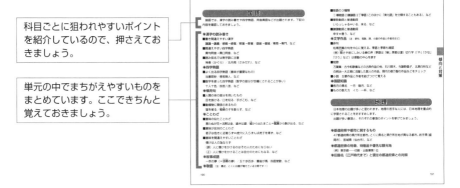

Part 1

一般常識

　一般常識は、国語、地理、歴史、生物、物理、化学、地学、数学、社会一般、英語の10の科目別になっています。付属の赤シートで解答&解説を隠し、練習問題を解いてみましょう。その後、詳細な解説を読んで、さらに理解を深めてください。

1 国 語

ここを
チェック！

◆四字熟語は意味もしっかり理解しておく
◆敬語に関する問題は、最近出題が増えているので要注意
◆文学作品は、作品名と作者名を合わせて覚える

1 次の慣用句・ことわざとその意味を表す熟語の組み合わせのうち、正しいものを一つ選びなさい。

A 目と鼻の先 —— 至近

B 二枚舌を使う —— 突然

C 怪しい男 —— 物騒

D 腹を決める —— 臆病

E 馬の耳に念仏 —— 貴重

2 次の熟語とその読み方の組み合わせのうち、正しいものを一つ選びなさい。

A 更迭：こうそう

B 珍重：ちんちょう

C 功名：こうめい

D 暫時：ぜんじ

E 捨象：しゅうしょう

3 次の各文のうち、語句の使い方が正しいものを一つ選びなさい。

A 互いにアドレスを交換する

B 日程はいまだ未定である

C 最初の書き出しが難しい

D 大雨の被害をこうむる

E 書道の手ほどきをする

解答＆解説

1 A

「目と鼻の先」は、「目と鼻の間」ともいう。目と鼻の間のように非常に距離が近いこと（至近）を表す。「自宅から駅までは目と鼻の先だ」などと使う。Bは、矛盾したことやうそを言うことで「虚偽」などがその意味を表す熟語である。Cは、怪しいとか、疑わしいなどの意味の熟語として「不審」がある。Dは「決意」、「覚悟」など、Eは、何の効果もないことから「無駄」などがその意味を表す熟語である。

2 B

Aは「こうてつ」。ある地位や役目にある人を、ほかの人と代えること。「不祥事が発覚した大臣を更迭する」などと使う。Bは「ちんちょう」と読み、正しい。珍しいものとして、大切にすること。「この魚は、酒の肴として珍重される」などと使う。Cは「こうみょう」。手柄を立てて名をあげること。「戦乱の中で、功名を争う」などと使う。Dは「ざんじ」。しばらくの間という意味。「会議を暫時中断する」などと使う。Eは「しゃしょう」。事物や表象から特定の要素・性質などを取り出すとき、他の要素や性質を排除すること。

3 E

Aは、「交換する」のであれば、「互いに」でなければならないから、改めて「互いに」という必要はない。Bの「未定」は、「いまだ定まらず」という意味なので、「いまだ」をつけてはいけない。Cは、「書き出し」そのものが「最初」である。Dの「こうむる」は、「被害を受ける」ことである。A〜Dはいずれも、重ね言葉が用いられている。Eの「手ほどきをする」は、学問・芸能などの初歩を教えることで、これが正しい。

4 次の各文のうち、下線部の用法が正しいものを一つ選びなさい。

A 神前において、しめやかに結婚の儀が執り行われました

B 先生にも参加して頂けるとは、青天の霹靂と喜んでいます

C あの店の料理はとてもおいしい。思わず舌を鳴らしたよ

D 社長もこの列車で行かれるのですか。では呉越同舟とまいりましょう

E 彼は、今月はトップの営業成績をあげようと、鼻息が荒い

5 次の語句のうち、他と意味が大きく異なるものを一つ選びなさい。

A 日常茶飯事　　B どんぐりの背比べ　　C 似たり寄ったり

D 五十歩百歩　　E 大同小異

6 ことわざとその内容を端的に表現した熟語の組み合わせとして、正しいもの
を一つ選びなさい。

A 石橋をたたいて渡る —— 突然

B 身から出たさび —— 自業自得

C ひょうたんから駒 —— 苦労

D 石の上にも三年 —— 打算

E 藪から棒 —— 自慢

7 次の各文のうち、漢字の用法が正しいものを一つ選びなさい。

A 税金を収める、地域を治める

B 危険を侵す、罪を冒す

C 姿を鏡に写す、住居を移す

D お酒を断つ、消息を絶つ

E 間違いの修整、虫の習性

8 「目」を用いたある慣用句の意味を表すものを一つ選びなさい。

A 羨ましいが何もできないため、眺めている様子

B 何かがきっかけとなり、真実がわかる様子

C 食べ物が美味しいということを表す様子

D 力不足で、どうにもならない様子

E 物事が差し迫ってきており、追い詰められる様子

解答＆解説

国語

4 E

　Aの「しめやかに」は、気分が沈んでもの悲しげな様子を表す言葉。「しめやかに葬儀が執り行われた」などと使えば正しい用法になる。Bの「青天の霹靂」は、青天ににわかに雷が起こることから、変動や大事件が突然生じることをいう。この用法では、「おれが来たのはそんなに驚くようなことなのか」と勘違いされることになる。Cの「舌を鳴らす」は、軽蔑や不満の意を表す時に用いる。おいしいものを食べたときは「舌鼓を打つ」などが適切である。Dの「呉越同舟」は、仲の悪い者や、ライバル関係にある者が同じ場所にいることで、これだと社長とは犬猿の仲ということになる。Eの「鼻息が荒い」は、意気込みが激しいことを表すので、正しい用法である。

5 A

　「日常茶飯事」は、それがありふれたものであることを意味する語句である。その他は、いずれも比較する複数のものの間にほとんど差がないことを意味する語句。

6 B

　「身から出たさび」は、刀の錆は、刀身から生じるところから、自分の犯した悪行のために自分自身が苦しむことで、自業自得という四字熟語がその内容を表している。Aは慎重、Cは意外、Dは忍耐、Eは突然がその内容である。

7 D

　Dが正しい。お酒を断つことは、断酒ともいう。Aは、「税金を納める」が正しい。Bは「危険を冒す」、「罪を犯す」が正しい。犯罪は、「罪を犯す」ことと考えれば覚えやすい。Cは「姿を鏡に映す」が正しい。Eは「間違いの修正」が正しい。なお、「修整」は、できの悪いところを整えて直すことをいう。

8 B

　Bが正しい。Bは、「目からうろこが落ちる」を表している。Aは「指をくわえる」、Cは「舌鼓を打つ」、Dは「手も足も出ない」、Eは「尻に火がつく」の意味である。体の一部を使った慣用句は多いので、この機会に整理するとよい。

9 「肩」を用いた慣用句として、正しくないものを一つ選びなさい。

A 肩の荷が下りる　　B 肩を入れる　　C 肩で風を切る

D 肩をすぼめる　　E 肩車に乗せる

10 次の各文の意味を四字熟語で表した場合、それぞれの四字熟語には数字が使われている。すべての数字の合計として正しいものを一つ選びなさい。

ア 何度転んでも、負けずに立ち上がること

イ 数は多くても、値打ちがないこと

ウ 十人いれば、それぞれ性格も個性も違うということ

A 38　　B 39　　C 40　　D 41　　E 42

11 次の各文のうち、四字熟語の用法が誤っているものを一つ選びなさい。

A 入学式からちょうど一週間がたった。新入生たちは、まだ学校の様子がつかめないらしく、校舎内を縦横無尽に歩き回っている

B 土俵際に追いつめられた朝青龍。千代大海のつっぱりをしのいで、起死回生のうっちゃりをはなつ

C 定年まであと三年。無事勤めあげたら、妻と二人で田舎にもどって、晴耕雨読の日々を過ごしたいものだ

D 山ほどある情報の中から積極的に取捨選択をして、自分のものにしていく姿勢が、10年後には大きな差になるはずだ

E 予想通り、彼女が委員長に選ばれた。彼女がみんなに信頼されるのは、その公平無私な態度によるところが大きい

12 次の四字熟語のうち、表記の正しいものを一つ選びなさい。

A 絶体絶命　　B 一後一会　　C 短刀直入

D 危機一発　　E 起死改正

解答＆解説

9 E

Eの「肩車」は、人を肩のあたりにまたがらせて担ぐことで、一般的に「肩車をする」と用いる。実際の動作以外の特別な意味を表さないので、「慣用句」とはいえない。なお「口車に乗せる」は、言葉巧みに人をだますこと。Aの「肩の荷が下りる」は、責任や負担がなくなり、安堵すること。Bの「肩を入れる」は、ひいきして力添えすること。Cの「肩で風を切る」は、得意そうに肩をそびやかして歩くこと。権力があったり、威勢が良かったりすることの例えでもある。Dの「肩をすぼめる」は、引け目を感じ、意気の上がらないこと。

10 C

アは、「七転八起」、イは「二束三文」、ウは「十人十色」のことである。そこで、7＋8＋2＋3＋10＋10＝40となる。

11 A

「縦横無尽」は、思い通り、自由自在に動き回る時に用いる言葉なので、まだ校舎に慣れていない新入生であれば、「右往左往」などの語が適切である。

12 A

Aの「絶体絶命」は、逃れようのない、差し迫った状態や立場にあることで、表記は正しい。「絶対絶命」と誤らないように。Bは「一期一会」が正しく、茶の湯の言葉が語源で、一生に一度しかない出会いのこと。Cは「単刀直入」が正しく、要点を直接的に突くことや、いきなり本題に入ること。Dは「危機一髪」が正しく、髪の毛1本ほどのわずかな差で危険な状態に陥りそうなその瀬戸際のこと。Eは「起死回生」が正しく、絶望的な状態や、滅びかけているものを立ち直らせること。

13 次の熟語のうち、読み方の種類が他と異なるものを一つ選びなさい。

A 座敷（ざしき）　　B 現場（げんば）　　C 見本（みほん）
D 台所（だいどころ）　　E 先手（せんて）

14 次の各文の下線部の語のうち、種類が他と異なるものを一つ選びなさい。

A 塩尻峠、まことに良い名前の峠である
B のどかな旅を一人で楽しむ
C 人はここでかならず感動するだろう
D 新しい芽がどんどん出てくる
E 私はいつも散歩をしている

15 次の各文の下線部の品詞が他と異なるものを一つ選びなさい。

A 静かな海　　B 鮮やかな光景　　C 大きな建物
D 穏やかな性格　　E 厳かな儀式

16 次の各文の下線部の用法が（例）と同じものを一つ選びなさい。

（例）今度こそ一位になれそうだ

A 山田さんは都合が悪いそうだ
B 棚から本が落ちそうだ
C 彼は会社ではやり手だそうだ
D 彼女も旅行に行くそうだ
E やっぱり、そうだと思った

17 次の各文の下線部の用法が（例）と同じものを一つ選びなさい。

（例）庭に水をうつ

A きっとかたきをうつ
B 魚を捕る網をうつ
C 心をうつ話を聞く
D はたと手をうつ
E 下手な碁をうつ

解答＆解説

13 C

　二字熟語の読み方は、①上も音・下も音（音読みの言葉＝例・都市、世界、中心）、②上も訓・下も訓（訓読みの言葉＝例・青空、野原、花火）、③上が音・下が訓（重箱読みの言葉＝例・座敷、現場、台所、先手）、④上が訓・下が音（湯桶読みの言葉＝例・見本、雨具、親分）の４種類がある。「見本」は、④の湯桶読みの例である。その他の選択肢はいずれも③の重箱読みである。

14 B

　Bの「のどかな」は、形容動詞「のどかだ」の連体形で、「旅」という名詞を修飾している。それ以外はすべて副詞であり、それぞれ直後の用言を修飾している。

15 C

　Cの「大きな」は連体詞であり、その他は形容動詞の連体形である。口語の形容動詞は、言い切りの形が「〜だ」となり、「だろ／だっ・で・に／だ／な／なら／○」と活用する。「大きな」は、「大きだ」と言い切ることができないので、形容動詞ではない。

16 B

　（例）とBの「そうだ」は、〜という状態・様子であることを表す様態の助動詞である。A、C、Dは〜と伝え聞いていることを表す伝聞の助動詞である。Eは、副詞の「そう」に断定の助動詞「だ」が接続したものである。

17 B

　（例）の「水をうつ」の「うつ」は、手元にあるものを広げるように投げたり、散らしたりすることで、Bの「魚を捕る網をうつ」が同じ用法である。Aは相手を討ち取ること。Cは強い感動を与えること。Dはたたいて鳴らすこと。Eは碁や勝負事をすること。

1

国語

18 次の各文のうち、敬語表現が誤っているものを一つ選びなさい。

A うちの子にも何かおもちゃを買ってあげよう

B その件は案内所でうかがってください

C 両親がよろしくと申しておりました

D お借りした本はとてもおもしろかったです

E 後日、改めて連絡させていただきます

19 次の単語とその数え方の単位のうち、正しい組み合わせを一つ選びなさい。

A 三味線 ── 弦

B タンス ── 本

C 豆腐 ── 個

D 仏像 ── 体

E タンカー ── 艘

20 次の各文のうち、漢字が正しく使われているものを一つ選びなさい。

A わがチームに彼の存在は不可決だ

B 新薬は思考錯誤の末に誕生した

C 今日は母の気嫌がとても悪い

D 容疑者は黙否権を行使している

E 事態は漸次改善するだろう

21 次の季語のうち、他と季節が異なるものを一つ選びなさい。

A 夕立　　B 七夕　　C 蛍　　D 五月雨　　E 茄子

22 次の松尾芭蕉の俳句のうち、夏の句を一つ選びなさい。

A 五月雨を集めて早し最上川

B 花の雲鐘は上野か浅草か

C 古池や蛙飛びこむ水の音

D 荒海や佐渡に横たふ天の河

E 名月や池をめぐりて夜もすがら

解答&解説

18 B

Bの「うかがう」は謙譲語。原則として話し手または話し手側にいる人物の動作に用い、話し相手の動作には用いない。「案内所でお尋ねください」「案内所でお聞きください」などと直すと正しくなる。

19 D

彫刻は一般的には「点」で数えるが、「仏像」は人の形をしているので、「体」で数える。
Aの「三味線」は棹か挺、Bの「タンス」は棹か竿で数える。昔、タンスをかついで移動させた時に、棹を用いたのが語源である。Cの「豆腐」は丁、Eの「タンカー」や軍艦・客船などの大型船は隻で数える。ヨットなどの小型船は、艘で数える。

20 E

Eが正しい。「漸次（ぜんじ）」はだんだんという意味で、この文は、事態はだんだん改善していくだろうという意味である。Aは「不可決」→「不可欠」、Bは「思考錯誤」→「試行錯誤」、Cは「気嫌」→「機嫌」、Dは「黙否権」→「黙秘権」が正しい。

21 B

それぞれの読み方は、A「ゆうだち」、B「たなばた」、C「ほたる」、D「さみだれ」、E「なす」である。Bの「七夕」は、現在では7月に行う年中行事の一つであるが、昔も同じように旧暦7月に行われていた。旧暦では、1月から3月が春、4月から6月が夏、7月から9月が秋、10月から12月が冬だったので、七夕は秋の季語になる。その他はすべて夏の季語である。なお、季語とは、俳句に詠みこまれる、季節を表すことばのことである。

22 A

Aの季語は「五月雨」で、季節は夏である。「五月雨」は、現在の梅雨のころ（旧暦5月ごろ）にしとしとと降り続く雨のこと。Bの季語は「花」で春。単に「花」といえば桜を指す。Cは「蛙」で、季節は春。Dは「天の河」が秋の季語である。Eは「名月」が秋の季語で、一般に中秋の名月(旧暦8月15日の月のこと。8月は旧暦では秋)を指す。

23 次のうち、三島由紀夫が著した小説の題名を一つ選びなさい。

A『廃市』

B『永すぎた春』

C『砂の女』

D『われらの時代』

E『海辺の光景』

24 次の文学作品と作者の組み合わせのうち、正しいものを一つ選びなさい。

A『源氏物語』－清少納言

B『徒然草』－鴨長明

C『とはずがたり』－後深草院二条

D『十六夜日記』－藤原定家

E『方丈記』－吉田兼好

25 次のうち、雑誌『白樺』を拠点として活躍した文学グループ「白樺派」に属さない作家は誰か、一人選びなさい。

A 永井荷風

B 有島武郎

C 武者小路実篤

D 柳宗悦

E 志賀直哉

解答＆解説

23 B

　『永すぎた春』は、1956年に発表された三島由紀夫の初期の作品である。長い婚約期間を経て結婚するまでのカップルを描いた小説で、タイトルは当時の流行語にもなった。Aの『廃市』は福永武彦、Cの『砂の女』は安部公房、Dの『われらの時代』は大江健三郎、Eの『海辺の光景』は安岡章太郎が著した小説である。

24 C

　Aの『源氏物語』は、平安時代の中期、1000年以後に成立した長編物語で、「もののあはれ」（本居宣長の説による）を主題とする。作者は紫式部である。Bの『徒然草』は、鎌倉時代末期に成立した、無常観を主題とする随筆で、作者は吉田兼好である。Cの『とはずがたり』は、鎌倉時代後期の日記文学で、作者は後深草院二条であるので正しい。後深草院から寵愛を受けるなどの恋愛遍歴と、諸国行脚の修行生活の様子が描かれている。Dの『十六夜日記』は、鎌倉時代の紀行文日記で、作者は阿仏尼。夫の死後、領地相続争いのために鎌倉に下った際の様子を描いている。Eの『方丈記』は、鎌倉時代初期の随筆で、作者は鴨長明。『徒然草』と同じく、遁世者の立場から、世の無常をテーマとする。

25 A

　「白樺派」は、1910年に創刊された雑誌『白樺』を中心として興った文芸思潮である。大正デモクラシーなどの自由主義を背景として、人間の生命を高らかにうたい、理想主義・人道主義・個人主義的な作品を次々と発表した。主な作家は、Bの有島武郎（『或る女』『生れ出づる悩み』など）、Cの武者小路実篤（『友情』『人間万歳』など）、Dの柳宗悦（『手仕事の日本』『茶と美』など）、Eの志賀直哉（『暗夜行路』『城の崎にて』など）などである。Aの永井荷風は、『あめりか物語』『断腸亭日乗』などで知られる作家であるが、「白樺派」ではなく、谷崎潤一郎らとともに、「耽美派」といわれている。

26 文中の空欄1〜3に入る文学作品名の組み合わせとして、正しいものを次の中から一つ選びなさい。

　　古代前期の神話、伝説、説話以来、おびただしい昔物語が語り伝えられてきた。そして奈良時代から平安時代にかけて、唐の小説の輸入を契機として創作意欲が高まり、また、平仮名の発達および流布が日本語による写実的な描写を可能にした。こうした気運の中で、9世紀の終わりごろに『（　1　）』が生まれ、伝奇説話をよりどころにした作り物語のはじめとなった。これと前後して、歌を中心とする『（　2　）』が作られ、歌物語のはじめとなった。

　　10世紀、『（　1　）』の系列に属するものとしては、『宇津保物語』『落窪物語』、『（　2　）』の系列に属するものとしては、『大和物語』『平中物語』がつくられた。やがてこれらの二つの流れを合わせて、優れた物語として完成したのが11世紀初めの『（　3　）』である。

	1	2	3
A	伊勢物語	竹取物語	平家物語
B	竹取物語	伊勢物語	源氏物語
C	今昔物語集	栄華物語	源氏物語
D	竹取物語	伊勢物語	大　鏡
E	今昔物語集	伊勢物語	源氏物語

27 1〜6のうち、四字熟語として、漢字の使い方が正しいもののみをすべて挙げているのはどれか。A〜Eの中から一つ選びなさい。

　　1　悪戦苦闘　　　2　危機一発　　　3　責任転嫁
　　4　終霜烈日　　　5　酒地肉林　　　6　深謀遠慮

A　1、2、4　　　B　1、3、6　　　C　2、3、6

D　3、4、5　　　E　3、5、6

28 1〜5の対義語の組み合わせのうち、正しいもののみをすべて挙げているのはどれか。A〜Eの中から一つ選びなさい。

　　1　早熟 —— 晩成　　　2　特殊 —— 一般　　　3　分析 —— 支配
　　4　冷遇 —— 寛容　　　5　中枢 —— 末梢

A　1、2、3　　　B　1、2、5　　　C　2、3、4

D　2、4、5　　　E　3、4、5

解答 & 解説

26 B

『平家物語』は平氏一門の興亡を記した軍記物語であるが、作者は未詳である。琵琶法師の弾き語りで、多くの人に享受された。『栄華物語』は、藤原一族を中心とした栄華を賞賛する歴史物語である。『大鏡』も歴史物語で、鏡物と呼ばれる四鏡の一つである。『今昔物語集』は、「今は昔」で始まる説話集である。1000余にのぼる説話を収録したもので、作り物語に分類できないものもある。

27 B

1は正しい。「あくせんくとう」と読む。2は誤り。「危機一髪（ききいっぱつ）」が正しい。3は正しい。「せきにんてんか」と読む。4は誤り。「秋霜烈日（しゅうそうれつじつ）」が正しい。5は誤り。「酒池肉林（しゅちにくりん）」が正しい。6は正しい。「しんぼうえんりょ」と読む。これより、1、3、6のBが正しい。

28 B

「早熟 —— 晩成」「特殊 —— 一般」「中枢 —— 末梢」の組み合わせは正しい。「分析」の対義語は「総合」、「支配」の対義語は「従属」、「冷遇」の対義語は「優遇」、「寛容」の対義語は「厳格」である。これより、1、2、5のBが正しい。

29 ア〜オのうち、対義語の対をすべてあげているものを、A 〜 Eの中から一つ選びなさい。

    ア 本音 ── 建前

    イ 激励 ── 鼓舞

    ウ 黙認 ── 看過

    エ 簡潔 ── 冗長

    オ 衰亡 ── 興隆

A ア、イ、ウ

B イ、ウ、エ

C ア、エ、オ

D イ、ウ

E エ、オ

30 ことわざとその意味が正しいものはどれか、次の中から一つ選びなさい。

A 下手の横好き ── 効き目がないこと。手ごたえがないこと。

B 雑魚の魚まじり ── 小物が大物の中に分不相応にまじっていること。

C 団栗の背競べ ── つまらないものでもないよりはましである。

D 蒔かぬ種は生えぬ ── 何度失敗してもへこたれないで立ち上がること。

E 二階から目薬 ── 上手な人でも時にはしくじることがある。

31 四字熟語とその意味が正しいものはどれか、次の中から一つ選びなさい。

A 隠忍自重 ── 落ち着きはらって動じないさま

B 表裏一体 ── 悪いことが続いたあと、良い方に向かうこと

C 秋霜烈日 ── 度胸があって何ものも恐れないこと

D 冷汗三斗 ── 非常に恐ろしい目にあったり、恥ずかしがったりすること

E 電光石火 ── 忙しく動き回ること

解答＆解説

29 C

イとウは対義語ではなく類義語である。よって、正答はCとなる。

30 B

Aは「糠に釘」「豆腐にかすがい」などの説明である。「下手の横好き」とは、下手なくせに好きで熱心であることをいう。よって、誤り。Bは正しい。Cは「枯れ木も山の賑わい」の説明である。「団栗の背競べ」とは、どれも平凡で抜きん出たものがないことをいう。よって、誤り。Dは「七転び八起き」の説明である。「蒔かぬ種は生えぬ」とは、何もしないでよい結果を期待することはできないことをいう。よって、誤り。Eは「猿も木から落ちる」「弘法にも筆の誤り」などの説明である。「二階から目薬」とは、思うようにならずもどかしいこと、あるいは効き目がないことをいう。よって、誤り。

31 D

Aは「いんにんじちょう」と読む。怒りや苦しみをじっと我慢して、軽々しい行動をとらないことを意味する言葉である。選択肢の意味の四字熟語は「泰然自若」である。よって、誤り。Bは「ひょうりいったい」と読む。二つのものが切り離せない関係にあることを意味する言葉である。選択肢の意味の四字熟語は「一陽来復」である。よって、誤り。Cは「しゅうそうれつじつ」と読む。刑罰や権威などが非常に厳しくおごそかであることを意味する言葉である。選択肢の意味の四字熟語は「大胆不敵」などである。よって、誤り。Dは正しい。「れいかんさんと」と読む。Eは「でんこうせっか」と読む。行動がきわめてすばやいこと、あるいは極めて短い時間を意味する言葉である。選択肢の意味の四字熟語は「東奔西走」などである。よって、誤り。

32 日本文学における作家と作品の組み合わせとして正しいものを、次の中から一つ選びなさい。

A 川端康成 ——『檸檬』

B 谷崎潤一郎 ——『細雪』

C 井伏鱒二 ——『暗夜行路』

D 志賀直哉 ——『雪国』

E 梶井基次郎 ——『山椒魚』

33 次の四字熟語の空欄に入る漢数字の数の合計として正しいものを、次の中から一つ選びなさい。

・□束□文　　・□変□化　　・□騎当□　　・□載□遇

A 4001

B 8002

C 13007

D 26014

E 38028

34 ア〜オの四字熟語と1〜5の意味の組み合わせとして正しいものを、次の中から一つ選びなさい。

ア 四面楚歌　　イ 朝令暮改　　ウ 傍若無人

エ 針小棒大　　オ 呉越同舟

1 仲の悪い者同士が同じ場所にいること

2 人前をはばからず、勝手な行動をすること

3 命令などが頻繁に変わって一定しないこと

4 まわりが敵ばかりで孤立してしまうこと

5 小さなことを大げさに言うこと

A ア — 3

B イ — 4

C ウ — 5

D エ — 2

E オ — 1

解答&解説

32 B

選択肢の中での正しい組み合わせは以下の通りである。

A 川端康成 ── 『雪国』

B 正しい

C 井伏鱒二 ── 『山椒魚』

D 志賀直哉 ── 『暗夜行路』

E 梶井基次郎 ── 『檸檬(れもん)』

33 C

それぞれ□に当てはまる数字を入れる。

二束三文

千変万化

一騎当千

千載一遇

したがって、空欄の数を合計すると2+3+1000+10000+1+1000+1000
+1=13007

34 E

正しい組み合わせは、以下の通りである。

四面楚歌：まわりが敵ばかりで孤立してしまうこと

朝令暮改：命令などが頻繁に変わって一定しないこと

傍若無人：人前をはばからず、勝手な行動をすること

針小棒大：小さなことを大げさに言うこと

呉越同舟：仲の悪い者同士が同じ場所にいること

よってEが正しい。

2 地 理

ここを
チェック！

◆日本地理の出題率が高い
◆47都道府県の県庁所在地や特徴、名産品など
　を確認しておく
◆世界各国の様子や産業なども覚えておく

1 穀物の耕作と牧畜とを組み合わせて行う農業形態を何というか、次の中から
一つ選びなさい。

A 三ちゃん農業　　B 焼畑農業　　C 地中海式農業
D プランテーション農業　　E 混合農業

2 人口構成を表す人口ピラミッドにおいて、つぼ型（紡錘型）の特徴を説明し
たものを、次の中から一つ選びなさい。

A 年少人口の極端な増加により、食糧危機の恐れがある
B 人口の漸増を表し、国力の発展を示唆するものである
C 人口全体が急増する地域の特徴的なものである
D 人口の停滞または減少により、国力の衰退の恐れがある
E アジア・アフリカの発展途上国によく見られる

3 産業の分類について、正しい組み合わせを次の中から一つ選びなさい。

A 牧畜業 ―― 第二次産業
B 運輸業 ―― 第二次産業
C 公務 ―― 第三次産業
D 製造業 ―― 第一次産業
E 金融業 ―― 第二次産業

解答＆解説

1 E

　混合農業は、牧畜（家畜飼育）と作物栽培を組み合わせた農業のことである。ヨーロッパ中緯度地域の農業の基本的形態である。栽培される作物は、小麦やライ麦が多く、家畜の飼料としてトウモロコシやテンサイなども作られる。日本では北海道の十勝平野で見られる。Aの三ちゃん農業は、昭和30年代の日本において、主な働き手である男性が出かせぎや他業種に就業することで、ほかの家族が農業経営にたずさわるようすを表した言葉で、じいちゃん、ばあちゃん、かあちゃんを三ちゃんという。Bの焼畑農業は、森林や野原の樹木や草を燃やし、肥料として使う農業のこと。Cの地中海式農業は、冬作の穀物と夏の高温乾燥に耐えるオリーブ・ぶどうなどの果樹を栽培する農業のこと。Dのプランテーション農業は、通常、熱帯や亜熱帯で、単一商品作物（綿花・たばこ・ゴム・コーヒー・紅茶など）を栽培する大規模な商業的農園農業のことである。

2 D

　つぼ型は、低年齢層よりも高年齢層の割合が大きい人口構成の型で、出生率が低下した場合に見られる。かつてのフランスやドイツがこの型であったが、現在わが国がこのパターンになっている。若年労働力の不足による国力衰退が示唆される。

3 C

　農業・牧畜業・林業・水産業・狩猟業など、人間が自然に働き掛けて営む産業は第一次産業といわれる。一般に、第二次産業や第三次産業に比べて生産性が低い。鉱業・製造業・建設業の各産業を第二次産業という。第一次産業の生産物の加工を主とする。第一次・第二次産業に分類できない産業はすべて第三次産業となる。産業構造の高度化に伴って発達する。商業・金融業・運輸業・通信業・サービス業・公務・自由業などはこれにあたる。

2

地理

4 巨大都市において、都心の管理中枢機能の一部を分担する地区を何というか、次の中から一つ選びなさい。

A ダウンタウン

B 副都心

C C. B. D.

D メガロポリス

E グローバル・シティ

5 1年間に2種類の農作物を同一耕地に栽培する農業を何というか、次の中から一つ選びなさい。

A 二毛作　　B 混作　　C 二期作　　D 連作　　E 輪作

6 2014年の原子力発電所設備容量が最も多いのは、次のうちどの国か一つ選びなさい。

A アメリカ　　B フランス　　C 日本

D ロシア　　E 中国

解答&解説

4 B

「副都心」は、東京の新宿・池袋・渋谷、大阪の天王寺などがその代表的な地区となり、その多くは都心と郊外を結ぶ交通上の結節点に立地している。Aの「ダウンタウン」は、アメリカでは都市の中心部を意味し、企業や金融機関、デパートなどが集中している場所。旧市街というような意味で使われる場合もある。Cの「C.B.D.」は、商工・金融業などの本社、全国的組織の本部などが集まっている地区のことで、ニューヨークのマンハッタン地区、東京の丸の内・大手町地区、ロンドンのシティ地区などがその代表例。Dの「メガロポリス」は、連続する多くの都市が、高速交通・通信機関で結ばれ、全体が互いに関係を築きながら活動している巨大な都市化地帯のこと。Eの「グローバル・シティ」は、国際金融や情報の中心機能が集まり、外国籍・多国籍企業の事務所などが集中した都市のことである。

5 A

二毛作は、気候が温暖な地域にみられる農業の方法で、代表的地域として、華中（中国）があげられる。Bの「混作」は、同じ耕地に2種類以上の農作物を同時に栽培すること。Cの「二期作」は、1年間に同じ農作物を同じ耕地に2回栽培すること。一般に水稲栽培で行われ、ジャワ島（インドネシア）、トンキンデルタ（ベトナム）、華南（中国）、台湾などに多くみられる。Dの「連作」は、同じ農作物を、同一耕地に毎年栽培すること。水稲がその代表的農作物である。Eの「輪作」は、同一耕地に異なった農作物を年ごとに一定の順序で循環的に作付けすること。穀物・根菜類・牧草などを組み合わせたヨーロッパの農牧業に多くみられる。

6 A

2014年の原子力発電所設備容量が最も多いのはアメリカで、その容量は103,284（千kW）である。次いで、フランスが65,880（千kW）で2番目に多く、日本は44,264（千kW）で世界3位となっている。なお、日本国内の原子力発電所は48基となっているが、福島第一原発事故の影響で、2013年9月以降、すべての原発が停止していたが、2015年に薩摩川内原発が原子力新規制基準に基づく再稼働を実施した。

2

地理

7 洪水を防ぐため、周囲に堤防を巡らせた所を何というか、次の中から一つ選びなさい。

A 扇状地　　B 防塁　　C 水屋

D 三角州　　E 輪中

8 溶食作用が進行した石灰岩地域にみられる地形を何というか、次の中から一つ選びなさい。

A カルスト地形　　B リアス式海岸　　C V字谷

D 氾濫原　　E トランスホーム断層

9 絶滅の恐れのある野生生物を掲載したリストを何というか、次の中から一つ選びなさい。

A イエローリスト　　B ブラックリスト　　C ギネスブック

D レッドリスト　　E ブルーノート

解答&解説

7 E

川沿いの低地などにおいて、住宅地や田畑を洪水から防ぐために、周囲に堤防を巡らせた所を輪中(輪中集落)という。集落は堤防に沿って列村を形成したり、堤防内の微高地に塊村をつくったりする。東海地方に河口がある木曽川・長良川・揖斐川流域の他、利根川・吉野川・筑後川などの下流域にもみられる。

Aの「扇状地」は、河川によって形成された、谷口を頂点とする半円錐状の堆積地形。Bの「防塁」は、沿岸、国境線、尾根などに土塁や石塁、空堀や水堀、さらに塹壕などを平行線上に築いた防御構築物である。代表的な例は中国の万里の長城である。Cの「水屋」は、輪中内の住居に見られ、敷地内に盛り土をして、その上に建てた小屋のこと。洪水時のための緊急物資や生活用具を常備しておき、避難所にもなる。Dの「三角州」は、河川によって運搬された砂や粘土が河口付近の静水域に堆積して造られる低平な地形のこと。

8 A

「カルスト地形」は、ドリーネ(直径20メートル前後のすり鉢状の穴)、カレン(多くの小溝の間に残された突出部のこと。カレンが多数ある部分をカレンフェルトという)、鍾乳洞などの地形を総称した名称である。日本では、山口県の秋吉台、北九州市の平尾台などが大規模なカルスト地形である。

9 D

国際自然保護連合が、絶滅寸前か、近い将来に野生では絶滅するおそれがあると認定した生物種(絶滅危惧種という)を掲載したものは、「レッドリスト」といわれる。生物種が絶滅するのは、乱獲、密漁(密猟)、環境破壊、生態系の破壊、異常気象など、さまざまな理由による。日本では、イリオモテヤマネコ、エゾオオカミ、シマフクロウ、オガサワラオオコウモリなどが挙げられる。

10 日本で最も大きな湖は琵琶湖（滋賀県）であるが、2番目に大きな湖はどれか、次の中から一つ選びなさい。

A サロマ湖　　B 洞爺湖　　C 阿寒湖

D 霞ヶ浦　　E 八郎潟

11 わが国の伝統工芸品と、その中心都市の組み合わせとして、正しいものを次の中から一つ選びなさい。

A 西陣織 —— 愛知県名古屋市

B 浜ちりめん —— 静岡県浜松市

C 九谷焼 —— 群馬県藤岡市

D 石見焼 —— 島根県江津市

E 将棋駒 —— 山梨県大月市

12 河口付近に泥や砂が堆積して作られた地形を何というか、次の中から一つ選びなさい。

A カール　　B U字谷　　C 扇状地

D V字谷　　E 三角州

解答＆解説

10 D

　日本最大の面積を誇るのは琵琶湖で、約670km²ある。次いで、茨城県の霞ヶ浦で、面積は約168km²である。霞ヶ浦の周囲長は約250kmあり、日本で最も長い（琵琶湖の周囲長は約241km）。ワカサギ・シラウオなどの漁業が盛んである。Aのサロマ湖（北海道）は、約151km²で第3位、Bの洞爺湖（北海道）は約70km²で第9位、Cの阿寒湖（北海道）は、約13km²、Eの八郎潟（秋田県）は、現在は八郎潟調整池と呼ばれ、面積は約28km²である。ただ、大部分の水域が干拓によって陸地化したが、干拓される以前は面積約270km²で、第2位であった。

11 D

　「石見焼」は、島根県江津市を中心とした、旧石見国一帯で焼かれる陶器である。はんどうと呼ばれる大甕で知られるが、近年では小振りの日用品も多く焼かれている。Aの「西陣織」は京都市、Bの「浜ちりめん」は滋賀県長浜市、Cの「九谷焼」は石川県能美市、Eの「将棋駒」は山形県天童市を中心に生産されている。

12 E

　三角州は、河口付近で見られる地形で、枝分かれした2本以上の河川（分流）と海で囲まれた三角形に近い形をしている。形成の条件は、河川からの十分な量の土砂供給があり、河口付近の地形が土砂を堆積できる形態となっていて、河口付近の潮流が土砂を侵食しすぎないこと、などである。Aのカールは、氷河浸食によって、山頂付近がお椀型に削り取られた地形。BのU字谷とDのV字谷は、ともに谷の形状を表す。谷は、成因により、河川や氷河の侵食によってできた侵食谷と、断層などによってできた構造谷に分けられるが、よく見られる谷は侵食谷である。谷の断面の形状により、U字谷やV字谷が見られる。V字谷は、傾斜が急な山岳地帯を流れる河川によって作られる。Cの扇状地は、河川が山地から平野に流れ出るところに、砂や礫が堆積して作られた地形である。

2

地理

13 世界で最も面積の大きな島を、次の中から一つ選びなさい。

A マダガスカル島　　B ニューギニア島　　C グリーンランド

D スマトラ島　　E オーストラリア

14 次の説明に相当する気候区分として最も適切なものを一つ選びなさい。

雨季と乾季が明瞭である。気温の年較差は小さく、乾燥に強い樹木がまばらに生え、草原が広く分布している。

A 熱帯雨林気候　　B サバナ気候　　C 地中海性気候

D 温暖湿潤気候　　E ツンドラ気候

15 日本アルプスを構成する三つの山脈名の組み合わせとして正しいものを一つ選びなさい。

A 越後－鈴鹿－赤石

B 飛騨－鈴鹿－奥羽

C 飛騨－木曽－赤石

D 越後－木曽－奥羽

E 木曽－鈴鹿－赤石

解答 & 解説

13 C

　島は、水域に四方を囲まれた陸の中で、面積規模の小さいものをいう。より規模の大きいものは大陸と呼ばれる。地理学的には、オーストラリア大陸以上の面積を持つ陸を大陸に分類し、それ未満の面積のものが島に分類される。この基準によると面積最大の島は「グリーンランド」で、その面積は2,175,600km²であり、日本の本州（世界の7位）の面積（227,414km²）の10倍近い。2位がBの「ニューギニア島」で、790,000km²である。Aの「マダガスカル島」は4位、Dの「スマトラ島」は6位である。グリーンランドはデンマーク領であるが、自治政府が置かれており、北極海と北大西洋の間に位置し、全島の約80%は氷床と万年雪に覆われている。

14 B

　サバナ気候は熱帯気候の一つで、インド、ブラジル高原、オーストラリア北部、アフリカのコンゴ盆地などに分布する。サバンナ気候ともいう。Aも熱帯気候だが年間を通じて雨が多く、常緑広葉樹の密林が広がる。C、Dは温帯気候、Eは冷帯気候である。

15 C

　日本アルプスは、本州の中部地方に位置する、飛驒山脈（北アルプス＝富山県・長野県・岐阜県・新潟県）、木曽山脈（中央アルプス＝長野県・岐阜県）、赤石山脈（南アルプス＝長野県・山梨県・静岡県）の総称である。1881年に刊行された『日本案内』という書物において、イギリス人の鉱山技師、ウィリアム・ゴーランドが、ヨーロッパのアルプス山脈にちなんでこれらの山脈を紹介したことが由来とされている。後に、小島烏水が北アルプス、中央アルプス、南アルプスに分類した。各山脈の最高峰は、飛驒山脈が奥穂高岳3190m、木曽山脈が駒ケ岳2956m、赤石山脈が北岳3193mである。

2

地理

16 次の各都市は、いずれも砂漠地帯のオアシスを中心に発達した「オアシス都市」であるが、このうち、サウジアラビアの首都である都市はどれか、次の中から一つ選びなさい。

A ビシュバリク　　B サマルカンド　　C タシュケント

D リヤド　　E カシュガル

17 スイス南部に位置する、アルプス山中の観光保養都市を、次の中から一つ選びなさい。

A リビエラ　　B ツェルマット　　C ニース

D バーデンバーデン　　E バンフ

18 2016年4月現在、EU（ヨーロッパ連合）に加盟している正しい国数は、次のうちどれか一つ選びなさい。

A 34カ国　　B 28カ国　　C 21カ国

D 11カ国　　E 10カ国

解答＆解説

16 D

　砂漠で植物が生育し、人間が生活できるだけの淡水が得られる場所をオアシスという。オアシスができる条件としては、地下水が湧く、大山脈の山麓である、外来河川の河岸である、掘りぬき井戸を利用した人工的なものなどがある。大規模なオアシスでは都市が発達する。このうち「リヤド」は、サウジアラビア建国以前は、数万人が居住するに過ぎない内陸の町であったが、第二次世界大戦後、石油の富がサウジアラビアに還流するようになって爆発的に発展し、アラビア半島最大の都市となった。他の4都市は、いずれもゴビ・カラクーム・タクラマカン・イラン砂漠など、中央アジアから西アジアの砂漠地帯に点在する都市である。

17 B

　「ツェルマット」は、アルプス登山口の景勝地で、マッターホルン山の北東麓1620メートルに位置する。マッターホルン・ゴッタルド鉄道の終点でもあり、ここを起点に、多くのケーブルカーや登山鉄道が延びている。なお、環境保護のため市街地からガソリン自動車を締め出している。Aの「リビエラ」は、フランス南東部、プロヴァンス地方、地中海沿岸のニースからモナコ、イタリアのラスペツィアに至る海岸地帯（このうちフランス領はコートダジュールという）。温暖な気候と美しい風景に恵まれ、観光保養地として発展した。Cの「ニース」は、フランス南部、リビエラ地方の中心であり、19世紀半ばからヨーロッパ貴族の高級避寒地として発展した、海岸保養都市。Dの「バーデンバーデン」は、ドイツのシュヴァルツヴァルト北部にある国際的な温泉保養都市。Eの「バンフ」は、カナダ・アルバータ州にあり、カナディアンロッキーの観光拠点となる町である。

18 B

　EU（ヨーロッパ連合）の現加盟国は28カ国である。EUは本部がブリュッセルにあり、EC（ヨーロッパ共同体）が前身。ヨーロッパの一層の統合を進めるため発効したマーストリヒト条約により1993年11月に発足した。経済通貨統合、共通外交・安全保障政策の実施を目指す。今後の加盟候補国は、トルコ、マケドニア・旧ユーゴスラビア共和国、アイスランド、モンテネグロ、セルビア、アルバニアの6カ国である。1999年の通貨統合には、現在19カ国が参加している。

19 イベリア半島がムスリムの勢力圏にあったころの建造物を、次の中から一つ選びなさい。

A アルハンブラ宮殿　　B ウマイヤ＝モスク　　C 勝利の門
D クトゥブ＝ミナール　　E ハギア＝ソフィア聖堂

20 メキシコなど、ラテンアメリカからアメリカ合衆国に移住してきた、スペイン語系の人々は、何と呼ばれるか、次の中から一つ選びなさい。

A ラティーノ　　B ヒスパニック　　C 華僑
D インディオ　　E アボリジニ

21 砂糖の原料になるサトウキビは、それ以外のどの目的に利用されているか、次の中から一つ選びなさい。

A 石油精製
B ガラス原料
C アルコール燃料
D セメント代用
E トコロテン原料

解答 & 解説

19 A

　イベリア半島最後のイスラム王朝となったナスル朝（1232～1492年）は、グラナダとその周辺地域を保っていたが、1492年にスペインがグラナダを陥れると、イスラム教徒の多くは、北アフリカに引き揚げた。彼らがグラナダに残したのがアルハンブラ宮殿である。現在、スペインを代表する世界遺産として、イスラム文化の繊細な美しさを伝えている。なお、ムスリムとは、イスラム教徒のこと。Bの「ウマイヤ＝モスク」は、8世紀初頭、ウマイヤ王朝の首都ダマスクスに建設された現存する最古のモスク。Cの「勝利の門」は、カイロ旧市街の北側にある凱旋門。Dの「クトゥブ＝ミナール」は、アイバク将軍が建設したといわれるインド最古の光塔（モスクに付属する塔）で、高さは72.5メートルある。Eの「ハギア＝ソフィア聖堂」はトルコのイスタンブールにあり、西アジア・ギリシア・ローマの建築を統合したビザンツ様式の代表的造造物である。

20 B

　メキシコやキューバ、プエルトリコなど、中南米のスペイン語圏諸国からアメリカ合衆国に移住してきた人々や、その子孫をヒスパニックという。近年増加傾向にあり、2008年現在、4000万人のヒスパニックがいるといわれ、合衆国人口の13パーセント以上を占めている。その数の多さから、政治的にも無視できない勢力になっており、近年の大統領選挙でも、その動向が注目されている。Aの「ラティーノ」は、スペイン語圏以外のラテンアメリカ諸国（ブラジルなど）からアメリカ合衆国に移住した人々も含む。

21 C

　サトウキビは、ブラジルとインドで世界の半数前後が生産されている。利用方法としては、一般に茎を生食したり、絞った汁を製糖や工業用エチルアルコールの原料にする。日本では、黒糖や上質の砂糖の原料にもなる。サトウキビをしぼった汁から砂糖を取り除いた液体はモラセスと呼ばれ、これを発酵させてエチルアルコールを取り出す。これを自動車燃料の一部として使用する研究・開発が行われている。ブラジルでは1980年代から自動車燃料などのアルコール転換が進められており、燃料用としてのサトウキビを政府が買い上げている。サトウキビはこの他、家畜の飼料、パルプの原料、酒造などにも用いられている。

2

地理

22 ゆるやかに傾斜した硬軟の互層からなっている波状の地形はどれか、次の中から一つ選びなさい。

A ケスタ　　　　B 扇状地　　　　C 氾濫原

D 三角州　　　　E 後背湿地

23 乳牛を飼育し、乳製品を生産する農業を何というか、次の中から一つ選びなさい。

A 焼畑農業　　　B 酪農　　　　C プランテーション農業

D 園芸農業　　　E 遊牧

24 次の文は、日本の四季の典型的な天気の特徴に関する記述であるが、空欄を補充する語の組み合わせとして正しいものは、A〜Eのうちどれか、一つ選びなさい。

冬：シベリア付近に高気圧が発達し、千島・アリューシャン列島近くに低気圧があるという（　ア　）型の気圧配置をとる。等圧線が日本付近で南北に走り、間隔が狭い。全国的に（　イ　）から強い季節風が吹きつけ、日本海側は雪、太平洋側は乾燥した晴天が続く。

春：移動性の高気圧と低気圧が交互に日本付近を通過し、天気が周期的に変化する。

夏：太平洋高気圧が日本の上空にはり出し（　ウ　）型の気圧配置をとる。弱い南からの風が吹き、蒸し暑い日々が続く。局地的な（　エ　）が発生しやすい。

秋：太平洋高気圧の勢力が弱まり、大陸からの高気圧との境界に秋雨前線ができ、秋の長雨の季節になる。

	ア	イ	ウ	エ
A	西高東低	北西	南高北低	雷雨
B	南高北低	北東	西高東低	雷雨
C	西高東低	北西	南高北低	長雨
D	南高北低	北西	西高東低	長雨
E	西高東低	北東	南高北低	長雨

解答 & 解説

22 A

　ケスタは、丘陵の一方が緩斜面、他方が急崖となる非対称な地形。パリ盆地・ロンドン盆地でみられる。

　Bの扇状地は、河川によって形成された、半円錐形の砂礫の堆積地形である。扇央は、水利が悪い乏水地のため、桑畑や果樹園に利用されている。扇端は湧水帯となっている。Cの氾濫原は、河川の氾濫により形成された低平地である。洪水時の土砂を堆積させてできた微高地を自然堤防といい、周辺より乾燥している。Dの三角州（デルタ）は、河川が海と湖に出る部分で、河川が分流し、細かい粘土や泥が堆積してできる地形である。肥沃な土地が多く、水はけの悪い湿地のため、水田に利用される。Eの後背湿地（バックマーシュ）は、自然堤防の後ろにできる、洪水時の水が戻れない浅い盆状の湿地である。

23 B

　酪農は、ヨーロッパで発達した商業的農業で、混合農業から分化した農牧業である。スイスの山岳地帯では、夏は高地、冬は低地で飼育する移牧が行われている。

　Aの焼畑農業は、切りはらった森林や草原を焼き、草木灰を肥料とする自給的農業である。2〜3年で地力が衰えるため、住居とともに移動をするが、近年は原始的定着農業の形態をとることが多い。Cのプランテーション農業は、熱帯・亜熱帯の地域における、輸出向け商品作物の栽培をする企業的農業である。近年は作物の多角化や経営の国有化がみられる。Dの園芸農業は、都市への出荷を目的として、野菜、果実、花卉（草花）などを集約的に栽培する農業である。Eの遊牧は、水や牧草を求めて家畜とともに移動する牧畜である。

24 A

　冬の天気の特徴は、西高東低型の気圧配置であり、北西から強い季節風が吹くことに特徴がある。よって、アには西高東低、イには北西が入ることが分かる。夏の天気の特徴は南高北低型の気圧配置であり、局地的な雷雨が発生しやすいことに特徴がある。よって、ウには南高北低が入り、エには雷雨が入る。

2

地理

3 歴史

◆日本の文化を各時代ごとに確認しておく
◆日本・世界で起こった重要な、それに関わった
　人物などを覚える

1 平安京遷都をした桓武天皇の事績として、正しいものを一つ選びなさい。

　A 和同開珎という貨幣を発行した
　B 摂政や関白をおいて、政治を委ねた
　C 坂上田村麻呂に蝦夷を征伐させた
　D 墾田永年私財法を定めた
　E 法隆寺を建立した

2 9世紀初頭に、唐から帰国した空海が、高野山に建立して真言宗を広めた寺院を、次から一つ選びなさい。

　A 延暦寺　　　B 金剛峰寺　　　C 唐招提寺
　D 薬師寺　　　E 東大寺

3 日本最古の歌物語『伊勢物語』の主人公とされている人物は誰か、選択肢の中から一人選びなさい。

　A 藤原道長　　　B 紀貫之　　　C 醍醐天皇
　D 壬生忠岑　　　E 在原業平

4 鎌倉時代に興った仏教の宗派とその開祖の組み合わせとして、正しいものを一つ選びなさい。

　A 浄土宗 ── 親鸞
　B 臨済宗 ── 栄西
　C 浄土真宗 ── 一遍
　D 日蓮宗 ── 道元
　E 曹洞宗 ── 法然

解答＆解説

1 C

　桓武天皇（在位781～806年）は、794年、平城京における仏教寺院の影響力の弊害を断つために都を平安京に置いたが、その他に、坂上田村麻呂の蝦夷征伐や『続日本紀』の編纂、空海の唐派遣を進めたりした。Aは元明天皇の治世708年、Bは清和天皇の治世866年、Dは聖武天皇の治世743年の、それぞれの出来事である。Eの法隆寺は、607年ごろに創建されたといわれる。

2 B

　空海（774～835年）は、804年に渡唐、806年に帰国した。そして高野山に「金剛峰寺」を建立して真言宗を広めた。さらに、東寺（教王護国寺）を根本道場とした。Aの「延暦寺」は、天台宗を広めた最澄によって建立された。Cの「唐招提寺」は、8世紀中ごろ、鑑真によって開かれた。Dの「薬師寺」は、698年、天武天皇が皇后の病気平癒を祈願して創建した。当初は藤原京にあったが、その後現在地に移転された。Eの「東大寺」は、奈良時代に聖武天皇の発願によって建立された。

3 E

　『伊勢物語』は、全125段からなる歌物語（独詠歌または贈答歌の和歌を中心として、その和歌にまつわるエピソードで構成された物語）で、10世紀初頭の成立。ある男の元服から死に至るまでの一代記風構成であり、その男とは、六歌仙（小野小町・在原業平・僧正遍昭・喜撰法師・文屋康秀・大友黒主）の一人である在原業平とされている。歌物語には、この他『大和物語』、『平中物語』が同じ10世紀に成立し、『源氏物語』に大きな影響を与えている。

4 B

　臨済宗は、栄西が宋時代の中国から日本に伝えた、禅宗の一派である。鎌倉・室町両幕府の保護を受け、京都・鎌倉の五山を中心に発展した。Aの浄土宗は平安時代末に法然が開いた宗派。Cの浄土真宗は親鸞、Dの日蓮宗（法華宗）は日蓮、Eの曹洞宗は道元が、それぞれ開いた宗派である。このほか、鎌倉時代には一遍による時宗なども興っている。

5 院政を始めたのは誰か、次の中から一人選びなさい。

A 後白河天皇　　B 堀河天皇　　C 白河天皇

D 後三条天皇　　E 鳥羽天皇

6 元は、13世紀に、2度にわたってわが国に襲来したが、その時の執権を次の中から一人選びなさい。

A 北条時政　　B 北条義時　　C 北条政村

D 北条泰時　　E 北条時宗

7 室町時代に、日本が中国の明王朝と行った貿易を何というか、次の中から一つ選びなさい。

A 勘合貿易　　B 南蛮貿易　　C 日宋貿易

D 朱印船貿易　　E 長崎貿易

8 次のうち、室町時代の三代将軍、足利義満のころに栄えた北山文化に属さないものを一つ選びなさい。

A 金閣寺　　B 銀閣寺　　C 能

D 水墨画　　E 五山文学

解答＆解説

5 C

「院政」は1086年、白河天皇によって始められた。その後も、鳥羽上皇、後白河上皇と100年余り続いた。

6 E

執権は、鎌倉幕府の職名で、征夷大将軍を助け、政務を統括した。初代の執権は、北条時政である。8代執権北条時宗は、1274年（文永の役）と1281年（弘安の役）の2度にわたる元軍の襲来に遭遇したが、石塁の築造や異国警固番役の設置など、防御を強化して迎え撃ち、台風などによる元軍の撤退もあり、国難を回避した。

7 A

勘合貿易は、15世紀の初めから16世紀半ばまで明王朝との間で行われた、勘合符を用いた貿易である。室町幕府は、倭寇による密貿易を抑え、対外貿易の利益を収めるために、勘合貿易による統制を始めた。貿易の際に、勘合符といわれる許可書が使用された。貿易の対象となったものの中には、奢侈品が多く、生糸や絹織物などは唐物と称され、輸入品の中でも珍重された。日本からは硫黄、銅などの鉱産品や扇子、刀剣、漆器などが輸出された。Bの南蛮貿易は、16世紀半ばから17世紀初期にかけて、日本とポルトガル・スペインの商人間で行われた貿易である。Cの日宋貿易は、10世紀から13世紀にかけて、日本と中国の宋朝（南宋）の間で行われた貿易。Dの朱印船貿易は、16世紀末から17世紀初頭にかけて、朱印状（海外渡航許可書）を受けて行われた貿易。Eの長崎貿易は、主として江戸時代に、鎖国が成立した後、長崎においてオランダとの間で行われた貿易である。

8 B

北山文化は、足利義満が京都・北山に建てた金閣の建築様式が、伝統的な寝殿造風と禅宗様を折衷したものであり、時代の特徴を表していることから名付けられた。金閣寺（鹿苑寺）をはじめ、絶海中津・義堂周信らの五山文学、観阿弥・世阿弥父子らの能、中国からの渡来僧や中国帰りの留学僧によって伝えられた水墨画などが挙げられる。銀閣寺（慈照寺）は、応仁の乱の後、足利義政によって建立された、東山文化の代表的建築物である。

歴史

43

9 1549年、日本でのキリスト教布教をこころざして、フランシスコ・ザビエルが到着したのはどこか、次の中から一つ選びなさい。

A 平戸　　B 府内　　C 鹿児島

D 種子島　　E 長崎

10 8代将軍徳川吉宗が実施した享保の改革で、良質の人材を登用することを目的として行った足高の制で登用された人物を次の中から一人選びなさい。

A 新井白石　　　B 二宮尊徳　　　C 金地院崇伝

D 大岡忠相　　E 平賀源内

11 江戸時代において、徳川幕府が諸大名を統制した法令を何というか、次から一つ選びなさい。

A 御成敗式目　　　B 武家諸法度　　　C 地方知行制

D 禁中 並 公家諸法度　　　E 寺請制度

解答&解説

9 C

フランシスコ・ザビエル（1506～1552）は、スペイン・ナバラ王国の生まれ。カトリック教会の宣教師で、イエズス会の創設メンバーの一人である。1549年、鹿児島に来日し、日本に初めてキリスト教を伝えたことで有名であるが、日本だけでなく、インドなどでも宣教活動を行い、多くの人々をキリスト教信仰に導いた。インドのゴアから中国のジャンク船に乗って、数名の従者とともに日本を目指し、鹿児島に上陸した。その後、伊集院城で薩摩の領主、島津貴久に謁見し、宣教の許可を得た。さらに平戸、山口、堺、京都と宣教活動を続けたが、1551年、再びインドを目指して離日した。

10 D

享保の改革は、1716年～45年に徳川吉宗が実施した幕政改革である。将軍専制体制を確立し、倹約・新田開発・増税などによる財政の再建、都市商業資本の支配統制に努め、法制の整備など幅広い施策が実施された。足高の制は、優秀な人材を登用することを目的に、それぞれの役職の役高（基準となる石高）を定め、それ以下の者が就任する時には、在職中だけ不足分を支給する制度である。この政策により要職に登用された人物として、大岡忠相や田中丘隅などがいる。

11 B

Bの「武家諸法度」は、徳川家康が、南禅寺金地院の崇伝に起草させ、将軍秀忠の名で1615年に発布された。御成敗式目や分国法などをもとに作成されており、家光以降も将軍の代替わりにくり返し発布され、少しずつ修正された。

Aの「御成敗式目」は、鎌倉時代の基本法典で、51か条からなる。執権北条泰時が評定衆に命じて編纂させたもので、源頼朝以来の慣習法、判例を規範として、行政、訴訟などに関して定めた武家最初の成文法である。Cの「地方知行制」は、江戸時代初期において、大名が領内の有力武士に領地を与え、その領民支配を認めた制度。Dの「禁中並公家諸法度」は1615年に制定され、徳川幕府による朝廷統制の基準を示したもの。Eの「寺請制度」は、江戸時代、島原の乱後、キリスト教徒を根絶する目的で、寺院が民衆を檀家とし、キリシタンでないことを証明した制度。

12 1882年、立憲改進党を結成し、党首となった人物を次の中から一人選びなさい。

A 板垣退助　　B 大隈重信　　C 尾崎行雄

D 伊藤博文　　E 岩倉具視

13 1918年、米価暴騰に伴う暴動事件、いわゆる「米騒動」が最初に起きたのは、次のうちどこか、一つ選びなさい。

A 北海道函館市　　B 群馬県桐生市　　C 長野県松本市

D 富山県魚津市　　E 広島県呉市

14 アヘン戦争の原因となった三角貿易で、それぞれの国が輸入していた物資の組み合わせとして正しいものを一つ選びなさい。

　　　　イギリス　　　清　　　インド

A　　綿製品　　　茶　　　アヘン

B　　綿製品　　アヘン　　　茶

C　　茶　　　アヘン　　綿製品

D　　茶　　　綿製品　　　絹

E　　茶　　　絹　　　綿製品

解答＆解説

12 B

　立憲改進党は、1882〜1896年に存在した、明治時代の自由民権運動の代表的政党である。1882年（明治15年）に、東京専門学校（現在の早稲田大学）の開設者である大隈重信を中心に結成された。英国流の立憲君主制や二院制議会、財産制限選挙制など、穏健な立憲政治を目標とした。小野梓、尾崎行雄、犬養毅、矢野竜渓らも同党に加わった。

13 D

　1914年からの第一次世界大戦中、東南アジアを支配するイギリスやフランスは、米の輸出を制限していた。また大戦による成金たちの米相場参加により、米価は高騰を続けていた。1918年8月、寺内正毅首相は、ロシア革命に干渉するシベリア出兵を宣言したが、これをきっかけに需要拡大を見込んだ商社などの米の買い占め、売り惜しみが暴騰にさらに拍車をかけた。同年7月、富山県魚津の住民らが、米問屋が港から県外に米を搬出するところを目撃し、これを阻止しようとして騒動が始まった。その後、同県の漁村の主婦らが、米の輸出をしないよう陳情して、リーダーが逮捕されたことから民衆の不満が爆発し、騒動は全国に波及し、寺内内閣は同年9月に総辞職した。この事件は、その後、初の本格的政党内閣である原敬内閣の成立や、大正デモクラシー運動への発展の契機となるものであった。

14 C

　三角貿易は、18世紀末から19世紀にかけてイギリスが行った中国・インド・イギリス本国間の貿易である。18世紀以降イギリスで喫茶の習慣が流行し、中国からの茶の輸入量が激増して大幅な輸入超過となり、代価として銀が一方的に中国へ流出した。これを是正する目的で、インド産のアヘンを中国へ、中国の茶をイギリス本国へ、本国綿製品をインドへ運ぶ三角貿易を確立した。中国ではアヘン患者が急増したことから、1839年に林則徐によるアヘン厳禁策が強行されたが、それに対してイギリスは宣戦し、1840年アヘン戦争が勃発した。

3

歴史

15 古代ローマ時代に制定され、ローマ法の起源とされた法を選択肢の中から一つ選びなさい。

A マヌ法典

B ナントの王令

C ホルテンシウス法

D 十二表法

E ハンムラビ法典

16 16世紀から19世紀末まで、北部インドを支配したイスラム王朝を、次から一つ選びなさい。

A ムガル王朝

B マラーター王朝

C ティムール朝

D サファヴィー朝

E アユタヤ朝

解答＆解説

15 D

　「十二表法」は、前5世紀半ばに慣習法を初めて成文化したものである。ローマ法は、古代ローマ時代に制定された法律の総称であるが、ローマ市民にだけ適用される十二表法がその起源とされ、領土の拡大と共に万民法に成長した。その集大成が、6世紀に東ローマ帝国のユスティニアヌス大帝によって編纂された『ローマ法大全』である。ローマ法は、中世・近代に受け継がれ、今日の我々の生活にも深い影響を及ぼしている。Aの「マヌ法典」は、前2世紀から後2世紀にかけて成立したインドの法典であり、人類の始祖であるマヌが述べたものとする。Bの「ナントの王令」は、1598年、フランスのユグノー戦争において、アンリ4世が発したもので、ユグノーと呼ばれる新教徒にも信教の自由を与えたもの。Cの「ホルテンシウス法」は、前287年に制定され、平民会の決議が元老院の認可なしに全ローマ人の国法となる事を定めたもの。Eの「ハンムラビ法典」は、古代メソポタミアにおいて、ハンムラビ王が制定したもので、王は神の代理として統治し、刑法は「目には目を、歯には歯を」の復讐法が原則となっていた。

16 A

　「ムガル王朝」は、1526年、中央アジア出身のティムールの子孫バーブルが、カーブルを本拠にして北インドに進出し、パーニーパットの戦いでデリー＝スルタン朝最後のロディー朝に勝利して築いた王朝である。帝国の実質的な土台は、第3代アクバルによって築かれ、アウラングゼーブ帝の時代に最大の領土となり、その支配権はほぼインド全域に及んだ。Bの「マラーター王朝」は、17世紀にムガル帝国から独立してヒンドゥー国家の建設を目指した。Cの「ティムール朝」は、1370年中央アジアに開かれた王朝。Dの「サファヴィー朝」は、1501年、ティムール朝が衰えた後、イランで神秘主義教団の長が武装した遊牧民の信者を率いて開いた王朝。Eの「アユタヤ朝」は、14世紀から18世紀にかけてのタイの王朝である。

3

歴史

17 14世紀以後、ヨーロッパにおいて思想・科学・芸術の領域で、人間性の自由・解放を求め、各人の個性を尊重しようとする文化運動が始まった。この動きを何というか、次の中から一つ選びなさい。

A ルネサンス　　B 宗教改革　　C 啓蒙思想
D 産業革命　　E 文化大革命

18 次の文の内容と最も関係の深い事項を一つ選びなさい。

1642年に起きた、イギリスにおける内戦・革命である。

A 名誉革命　　B フランス革命　　C 宗教改革
D 辛亥革命　　E 清教徒革命

解答＆解説

17 A

　中世末期の西ヨーロッパでは都市が発展し、そこから中世の文化を引き継ぎながら、人間性の自由・解放を求め、各人の個性を尊重しようとする文化運動が現れた。これを「ルネサンス」（「再生」の意味）といい、およそ14世紀から16世紀にわたってヨーロッパ各地に広まった。文芸では、ダンテやボッカチオ、シェークスピアなどが活躍し、絵画ではミケランジェロ、レオナルド＝ダ＝ヴィンチ、科学ではコペルニクス、活版印刷を創始したグーテンベルクなどの人物が活躍した。

　Bの「宗教改革」は、16世紀のヨーロッパで展開された一連のキリスト教改革運動。1517年、ルターが「95カ条の論題」を発表し、信仰のよりどころを聖書にのみ求めて、ローマ教皇の免罪符販売と教会の腐敗とを攻撃したことに始まり、たちまち全ヨーロッパに波及して、各地で紛争を巻き起こした。Cの「啓蒙思想」は17〜18世紀のヨーロッパで、自然界の研究が進み、合理的な知を重んじることになった潮流のこと。Dの「産業革命」は、18世紀後半にイギリスで始まった技術革新による、経済・社会・産業の大変革のこと。Eの「文化大革命」は、1960年代に中国において、大衆を動員して行われた政治闘争である。

18 E

　清教徒革命（ピューリタン革命）は、絶対王政を倒した市民革命の一つといえる。Aの名誉革命は、1688〜1689年のイギリスの無血革命。国王ジェームズ2世のカトリック復活政策と議会無視に反対した議会が、国王を国外に追放し、その長女メアリ2世とその夫オレンジ公ウィリアム3世を共同統治者にしたもの。新国王が議会の決議した「権利宣言」を承認し、「権利章典」として公布したことで立憲君主制の基礎が確立した。Bのフランス革命は、1789年、バスティーユ襲撃を契機としたフランス全土の騒乱で、第三身分による国民議会が発足し、王政が崩壊したもの。Cの宗教改革は、16世紀に西ヨーロッパで起きたキリスト教改革運動である。Dの辛亥革命は、1911年、中国で清朝を倒し、中華民国を建国した革命のこと。

3

19 18世紀に、新しい生産技術の発明による工業生産の拡大によって、イギリスで起こった産業革命について、その発明者と技術の組み合わせが正しいものを一つ選びなさい。

A ジョン＝ケイ：蒸気機関

B カートライト：力織機

C ワット：ミュール紡績機

D クロンプトン：水力紡績機

E アークライト：飛び杼

20 1840〜1842年のアヘン戦争において勝利したイギリスが、中国（当時の清）に対して結ばせた条約は何か。次の中から一つ選びなさい。

A 南京条約　　B 北京条約　　C 香港条約

D 上海条約　　E 西安条約

21 1914年、第一次世界大戦のきっかけとなった事件が発生した。この事件は次のうちどれか、一つ選びなさい。

A モロッコ事件　　B 義和団事件　　C サライェヴォ事件

D 生麦事件　　E バルカン危機

19 B

　工業生産の様式を手工業から機械制工業に変え、資本主義を確立した産業革命は、まず、広大な海外市場を確保していたイギリスで起こった。産業革命は綿工業から他の産業部門に広がり、交通革命も伴った。その結果、「世界の工場」となったイギリスは自由貿易によって世界の市場形成に主導的役割を果たすことになった。技術革新は、まず綿工業の分野で、マンチェスターを中心に始まった。それらの発明者と技術の正しい組み合わせは、次のようになる。ジョン＝ケイ：飛び杼、ワット：蒸気機関、クロンプトン：ミュール紡績機、アークライト：水力紡績機であり、Bの「カートライト：力織機」のみが正しい。

20 A

　イギリスの植民地であったインドで栽培されたアヘンの、清への密輸出に端を発するアヘン戦争に敗北した清は、1842年、イギリスと屈辱的な条約である南京条約を締結した。この条約で、清は多額の賠償金を支払うこと、香港を割譲すること、上海などの開港を認め、翌年には、治外法権、関税自主権の放棄、最恵国待遇の承認なども余儀なくされた。その後、ほかの列強諸国も便乗して、清はアメリカやフランスとも同じ内容の条約を結んだ。

21 C

　1914年6月、ボスニアの州都サライェヴォで、オーストリアの皇太子がセルビア人の民族主義者に暗殺された。この事件をきっかけに、オーストリアは7月にドイツの支持を得てセルビアに宣戦する。一方、セルビア側にはロシアが支援を表明し、8月には、他の列強諸国も同盟・協商に従って参戦していくことで第一次世界大戦が勃発。ドイツ・オーストリアなどの同盟国側と、フランス・イギリス・ロシア・日本などの協商国（連合国）側との戦いになった。この、初の世界大戦は、植民地・従属地域をめぐる列強間の帝国主義的な対立を背景とした、イギリスとドイツの覇権争いから始まったともいえる。

3

歴史

22 1920年に成立した国際連盟を提案したアメリカの大統領は誰か、次から一つ選びなさい。

A レーガン　　B ハーディング　　C フランクリン

D ウィルソン　　E ルーズベルト

23 1929年に始まる世界恐慌の引き金となった出来事を、次から一つ選びなさい。

A 満州事変

B ニューヨーク株式市場の株価の暴落

C ワグナー法の成立

D ニューディール政策の失敗

E 金本位制の崩壊

24 1929年に起きた世界恐慌に対して、イギリスやフランスのとった対策として適当なものを次の中から一つ選びなさい。

A ブロック経済　　B ニューディール　　C 善隣外交政策

D 通貨統一　　E ペレストロイカ

解答＆解説

22 D

　第一次世界大戦後の1919年、パリ郊外のヴェルサイユ宮殿で、ドイツとのヴェルサイユ条約が調印された。この条約において、アメリカ大統領ウィルソンの提唱によって、国際連盟の設置が決まり、翌1920年に成立した。国際連盟は、世界の恒久平和を目指す史上初の大規模な国際機構で、スイスのジュネーヴに本部が置かれた。しかし、ドイツなど敗戦国と、ソヴィエト＝ロシアは排除され、アメリカも国際的負担に反対する上院がヴェルサイユ条約の批准を拒否したため、参加しなかった。

23 B

　1920年代のアメリカは、第一次世界大戦によって発展した重工業への投資や帰還兵による消費の拡大、そして自動車工業の躍進などによって経済成長期にあった。しかし、農作物の過剰生産と、相次ぐ異常気象から農業不況が発生し、また大戦による欧州各国の購買力不足、などにより、アメリカは生産過剰状態になっていた。そんな中、1929年10月24日のニューヨーク株式市場の株価が暴落し、世界恐慌を引き起こすこととなった。資本主義先進国は例外なく大きな影響を受け、植民地を持たない日本、ドイツ、イタリアなどではファシズムの台頭を招き、国際協調の破綻から、第二次世界大戦につながる出来事になった。

24 A

　ドル・ポンド・フランなどの通貨を軸に経済圏を作り、他国の商品に高い関税を掛けて排除するブロック経済は、植民地との関係を深める排他的な政策であり、国際経済をますます縮小させ、弱体な中小諸国の経済を圧迫することになった。Bは世界恐慌に対するアメリカの一連の政策である。Cはアメリカ合衆国が、ラテンアメリカ諸国に対してとった政策。Eは1980年代、旧ソ連のゴルバチョフ書記長の掲げた改革政策。

3

歴史

25 1968年、チェコスロヴァキアで起きた改革運動を何というか、次の中から一つ選びなさい。

A ウォーターゲート事件　　B 九・三〇運動　　C プラハの春
D パグウォッシュ運動　　E ブラントの集い

26 第二次世界大戦後、1970年代のドル＝ショックに至るまで、アメリカが世界経済を支えてきた。これはどのような体制によるものであったか。適切なものを選択肢から一つ選びなさい。

A ワシントン経済体制
B マーシャル体制
C スミソニアン体制
D ブレトン＝ウッズ国際経済体制
E ヤルタ体制

27 1964年、アメリカ大統領ジョンソンによって成立した、黒人差別撤廃を目指す法は、次のうちどれか。一つ選びなさい。

A 黒人差別防止法　　B 公民権法　　C 人種差別禁止法
D 権利の章典　　E 奴隷禁止法

解答＆解説

25 C

　1968年、当時のチェコスロヴァキアで起こった民主化を求める国民運動を「プラハの春」という。共産党書記長になった改革派のドプチェクは、自由化を推進しようとしたが、ソ連およびワルシャワ条約機構の4カ国軍がチェコスロヴァキアに軍事介入し、改革の動きは封じられた。この軍事介入によって、ソ連は国際的に非難され、東欧諸国の指導者としての威信を低下させた。以後、ソ連・東欧社会主義諸国の政治や経済は停滞した。

26 D

　第二次世界大戦後の国際金融・経済協力体制の構築を目指して、1944年、連合国代表がアメリカのブレトン＝ウッズに集まり、国際通貨基金（IMF）、国際復興開発銀行（世界銀行）の設立に合意した。また貿易障壁を除去して世界貿易を促す「関税および貿易に関する一般協定」（GATT）も1947年に成立した。これらの諸制度は、いずれもアメリカのドルを基軸通貨とした。しかし、ベトナム戦争の戦費や、社会政策費の増大、日本・西ヨーロッパの先進工業国の躍進などによって、アメリカの財政は悪化し、1971年、ニクソン大統領がドルの金兌換停止と10％の輸入課徴金の導入を発表し、ドル＝ショックとして世界に衝撃を与え、ブレトン＝ウッズ国際経済体制は大きな転換点を迎えた。

27 B

　1950 ～ 1960年代のアメリカ合衆国の黒人（アフリカ系アメリカ人）が公民権の適用を求めて行った大衆運動を公民権運動という。具体的には、交通機関やレストラン、学校などで、それまで白人と黒人が分離されていたことや、黒人の選挙権の事実上の制限、住宅の制限などの撤廃を求めるものである。当時のケネディ大統領は、公民権運動にリベラルな対応をみせていたが、1963年に暗殺されると、その跡を継いだジョンソンによって、1964年7月に「公民権法」が制定された。

　その後、ジョンソン政権下で、積極的に黒人の社会的、経済的地位を向上させるために、役所や企業、大学に黒人を優先的に採用することを義務付けたアファマーティヴ＝アクション政策がとられた。しかし、黒人運動は、その指導者キング牧師が1968年に暗殺されると、それまでの平和的・合法的な運動から、過激運動へと変化していくことになった。

4 生物

> ここを
> チェック!
>
> ◆細胞、体内の調節、遺伝、動植物の生理、生態系などについて復習しておく。
> ◆光合成や呼吸について、反応段階ごとに要点をまとめておく。

1 遺伝についての三つの法則を発見した人物は誰か。次の中から一人選びなさい。

A モーガン　　B ローレンツ　　C ルイセンコ
D マレー　　E メンデル

2 DNAは特徴的な構造をしている。このような構造を何というか、次の中から一つ選びなさい。

A 網状構造
B 二重らせん構造
C キャタピラー構造
D とうもろこし状構造
E メンデル構造

3 雌雄に共通している性染色体（X染色体）にある遺伝子による遺伝を何というか。次の中から一つ選びなさい。

A 限性遺伝　　B 複対立遺伝　　C 伴性遺伝
D 補足遺伝　　E 抑制遺伝

4 ホウセンカの茎を切り、水を入れた試験管にさしておいたら、根が出てきた。この性質を利用して、ホウセンカはさし木で増やすことができる。このような個体の増え方を何というか、次の中から一つ選びなさい。

A 減数分裂　　B 無性生殖　　C 発生
D 遺伝　　E 有性生殖

58

解答 & 解説

E

　遺伝についての三つの法則とは、オーストリアの生物学者メンデルが発見した「分離の法則」、「優性の法則」、「独立の法則」のことで、近代遺伝学の出発点となった重要な法則である。それまで、遺伝形質は交雑とともに、液体のように混じり合っていくと考えられていた（融合説）が、メンデルはこれを否定し、遺伝形質は遺伝粒子（遺伝子）によって受け継がれるという、粒子説を提唱した。

B

　DNAは、遺伝子の本体である。その構造については、シャルガフの規則や、ウィルキンスのDNAのX線回折図を参考にして、1953年にワトソンとクリックが立体構造のモデルを発表した。DNAは、五炭糖・リン酸・塩基で構成される。塩基にはA・T・G・Cの4種類があり、五炭糖でつながった一本の鎖が、AとT、GとCの間で結合し、はしご状になり、らせん状にねじられた「二重らせん構造」をしている。現在、ヒトをはじめとするさまざまな生物のDNAの全配列を調べ（ゲノムの解読）、遺伝子の働きの研究や医療に役立てる計画が世界規模で進められている。

C

　ヒトなどの場合、男性の性染色体は「XY」、女性の性染色体は「XX」となっており、男性と女性でX染色体の数が異なるため、伴性遺伝では形質の現れ方が男女で異なる。女性はX染色体が二つあるため、片方のX染色体が劣性でも、もう片方が優性ならば劣性の形質は発現しない。男性はX染色体が一つしかないため、X染色体が劣性の場合、劣性の形質が発現してしまう。

B

　雄と雌の性に無関係に、親のからだが二つに分裂したり、親のからだの一部が分かれたりして新しいからだができる増え方を無性生殖という。アメーバやミカヅキモなどの単細胞生物は、親のからだが二つに分裂して増えるものが多いが、多細胞生物にも、親のからだが分かれて新しい個体となる無性生殖があり、植物のさし木やさし芽などはその例である。無性生殖では、できた個体（子）はもとの個体（親）と同じ遺伝子を持つので、親とまったく同じになる。

生物

5 地球の誕生は約46億年前、生物が登場したのは38億年くらい前と推測されている。古生物の系統進化や地層の不整合などをもとにして決められた相対的な時代区分を地質年代というが、このうち、恐竜が繁栄し、鳥類が出現したと考えられているのはどの時代か、次の中から一つ選びなさい。

A 先カンブリア時代　　B 第四紀　　C 石炭紀

D ジュラ紀　　E オルドビス紀

6 体内の古くなった赤血球を破壊する主な器官はどれか、次の中から一つ選びなさい。

A 心臓　　B 骨髄　　C 胆のう

D 肝臓　　E 肺

7 節足動物は昆虫類、クモ類、甲殻類などに分類される。次のうち、甲殻類に属する動物を一つ選びなさい。

A ダニ　　B サソリ　　C トンボ

D ミジンコ　　E サザエ

8 哺乳類と同じように、心臓が2心房2心室であるものを、次の中から一つ選びなさい。

A 両生類　　B 爬虫類　　C 鳥類

D 魚類　　E 両生類と鳥類

解答 & 解説

5 D

地質年代は、古い順に、先カンブリア時代・古生代・中生代・新生代に分けられる。恐竜が繁栄し、鳥類が出現したのは、中生代のうち、Dの「ジュラ紀」（約2億1千万年～1億4千万年前）と考えられる。Cの「石炭紀」とEの「オルドビス紀」は古生代、Bの「第四紀」は新生代に属する。

6 D

赤血球は核やミトコンドリアを持たず、内部にヘモグロビンという呼吸色素が含まれていて、酸素の運搬を行う細胞である。古くなった赤血球は「肝臓」や「脾臓」で破壊される。赤血球中のヘモグロビンは、ヘム（色素体）とグロビン（タンパク質）に分解されて、ビリルビン（胆汁色素）になる。

7 D

節足動物は、節のあるあしをもち、からだをかたいクチクラ層の外骨格でおおわれている。このうち甲殻類は、エビ・アミ・ミジンコなどの動物で、主に水中にすみ、えらで呼吸する。Aのダニとbのサソリは節足動物のうちクモ類、Cのトンボは昆虫類である。またEのサザエは節足動物ではなく、石灰質の殻をもつ軟体動物である。

8 C

心臓で血液が入って来るところを心房、出て行くところを心室という。哺乳類と「鳥類」の心臓は、完全な2心房2心室で、動脈血と静脈血が混ざらずに体循環と肺循環が行われている。「両生類」は、2心房1心室で、体内を回ってきた血液（静脈血・体循環）と肺を回ってきた血液（動脈血・肺循環）は、心室で混ざってから全身や肺に送られる。「爬虫類」の心臓は2心房1心室であるが、両生類よりは心室の隔壁が発達しており、動脈血と静脈血が混ざることが少ないため、不完全な2心房2心室ともいえる。「魚類」の心臓は1心房1心室で、心室から出た血液はえらへ送られた後、全身を回って心房に戻る。ヒトの心臓には自動性があり、神経系の刺激がなくても収縮ができる。これは右心房の上部にある洞房結節（ペースメーカー）に反射中枢があり、ここで生じた神経の興奮が心臓全体へ伝えられるからである。

4

生物

9 次の文が説明している語を、選択肢から一つ選びなさい。

生物の個体または群れが、食物確保や繁殖のために独占する、一定の空間のこと。一時的なものと、永続的なものとがある。

A 縄張り　　B すみわけ　　C 序列

D 共生　　E 優先

10 昆虫の呼吸器官は何か。次の中から一つ選びなさい。

A 肺　　B えら　　C 皮膚

D 気孔　　E 気管

11 すい臓に存在するランゲルハンス島のβ細胞から分泌され、血糖量を減少させる働きをするホルモンを、次の中から一つ選びなさい。

A チロキシン　　B グルカゴン　　C アドレナリン

D インスリン　　E バソプレシン

12 森林が減少することによって増加すると考えられる大気中の気体を、次の中から一つ選びなさい。

A 酸素　　B 窒素　　C 二酸化炭素

D 水素　　E ヘリウム

解答&解説

9 A

　ある動物が縄張りを作ることを、縄張り行動という。日本人が、古来、土地の所有権を表すために縄を張ったことに由来することばである。食物確保のための縄張り行動をするものの代表的な例としては、アユがあげられる。アユは川の中の石などに付着している藻類を削って食べるが、一定の範囲を縄張りとし、ほかのアユが侵入すると体当たりをして阻止する。繁殖のための縄張り行動をするものとしては、シジュウカラなどがあげられる。

10 E

　昆虫やクモなどは気管で酸素と二酸化炭素のガス交換を行う。このとき、酸素と二酸化炭素は血液で運ばれるわけではなく、気管と組織の細胞との間で直接受け渡される。肺呼吸、えら呼吸、皮膚呼吸の生物は、呼吸器官や皮膚で取り込んだ酸素は血液で組織の細胞へと運ばれ、細胞から受け渡された二酸化炭素は血液で呼吸器官まで運ばれて排出されている。

11 D

　「インスリン」は血糖値の恒常性維持に重要なホルモンである。血糖値を減少させるため、糖尿病の治療に用いられている。生理作用としては、主として炭水化物の代謝を調整する。Aの「チロキシン」は、甲状腺から分泌され、代謝の促進、両生類の変態や鳥類の換羽の促進などの働きをする。Bの「グルカゴン」は、すい臓から分泌され、血糖値を増加させる作用をする。Cの「アドレナリン」は、副腎髄質から分泌され、血圧の上昇や血糖量を増加させる働きをする。Eの「バソプレシン」は、脳下垂体後葉から分泌され、腎臓での水分の再吸収を促進する。

12 C

　人間生活が自然環境に悪い影響を及ぼしていることがある。その一つとして、伐採や酸性雨を原因とする森林の減少があげられる。このため、植物に吸収される二酸化炭素の量が減少し、大気中の二酸化炭素濃度が高くなり、温室効果により、地球温暖化の原因となっていると考えられている。また、森林の減少は、水質汚染、洪水などの原因にもなっている。

13 ヒトの耳の器官の中で、からだの回転をつかさどる部位を、次の中から一つ選びなさい。

A 前庭　　B 耳小骨　　C うずまき管

D 半規管　　E 鼓膜

14 動物の行動には、生まれつき備わっているものと、経験によって得られた学習によるものとがある。生まれつき備わっている行動はどれか、次の中から一つ選びなさい。

A 条件反射　　B 走性　　C 刷り込み

D 試行錯誤　　E 鳥のさえずり

15 細胞の中でタンパク質合成を担っているものを、次の中から一つ選びなさい。

A リボソーム　　B リソソーム　　C ミトコンドリア

D ゴルジ体　　E 小胞体

16 酸素呼吸において、解糖系を担う細胞の部位はどれか。次の中から一つ選びなさい。

A 核　　B ミトコンドリア　　C 中心体

D 細胞質基質　　E 細胞膜

13 D

半規管は、内耳にあって、平衡感覚のうち回転加速度（からだの回転）を感知する器官である。内耳の前庭につながっている三つの半規管は、約90度の角度で互いに傾いており、x軸、y軸、z軸のように、三次元的な回転運動を感知することができるしくみになっている。

Aの前庭は、内耳にあって、平衡感覚のうち重力と直線加速度（からだの傾き）を感知する。Bの耳小骨は、中耳にあって、外部から音として鼓膜に伝わった振動を内耳に伝える働きをする。Cのうずまき管は、内耳にあって、振動を聴神経に伝える働きをする。Eの鼓膜は、外耳と中耳の境目にあって、耳小骨に音を伝える器官である。

14 B

「走性」とは、刺激に対して、体が近付いたり（正の走性）、遠ざかったり（負の走性）すること。多くの夜行性昆虫が、光を求めて近付いてくるのはその例である。

15 A

リボソームは、DNA（二重らせん構造の遺伝子）から遺伝情報を転写されたRNA（通常は一本鎖の遺伝子）の遺伝暗号（4種の塩基の配列）に従い、多数のアミノ酸をつなぎ合わせてタンパク質を合成する。

16 D

酸素呼吸は、①解糖系、②クエン酸回路、③電子伝達系の三つの反応段階から成る。そのうち、①解糖系は細胞質基質で行われる。②クエン酸回路と③電子伝達系の反応は、ミトコンドリアで行われる。ブドウ糖1分子を用いて、解糖系で2ATP、クエン酸回路で2ATP、電子伝達系で34ATPが生成され、合計で38ATPが生成される。

4

生物

17 光合成に関する説明のうち、正しいものを次の中から一つ選びなさい。

A 光合成量は二酸化炭素濃度に比例して増加するが、ある一定の濃度を超えるとその後は増加しなくなる

B 光合成に用いられる水は、空気中の水蒸気を取り入れたものである

C 光合成に最も有効な光は、緑色光である

D 光合成に必要な光を吸収する色素はクロロフィルのみである

E 光合成は、細胞中のミトコンドリアで行われる

18 植物体内において、葉に送られた水の大部分が水蒸気となって大気中に出ていく現象を何というか、次から一つ選びなさい。

A 蒸水　　B 発散　　C 蒸散

D 蒸発　　E 気散

19 植物の成長を促進させ、茎内を根の方向へ移動する植物ホルモンを総称して何というか、次から一つ選びなさい。

A オーキシン　　B サイトカイニン　　C エチレン

D アブシジン酸　　E アラタ体

20 コルクの切片を観察して、細胞を発見した人物は、次のうち誰か。一人選びなさい。

A フック　　B シュライデン　　C フィルヒョー

D 北里柴三郎　　E シュワン

解答＆解説

17 A

二酸化炭素量が少ないうちは、その量が多くなるほど光合成量も多くなるが、ある濃度以上になると、光合成量はそれほど増えなくなる。光合成で使われる水は、根から吸収されたものであるためBは誤り。また光合成では、赤色と青紫色の光が最もよく吸収される。さらに光合成で、光を吸収する色素は、クロロフィルの他に、カロテンやキサントフィルなどがある。よって、C、Dも誤り。光合成は葉緑体で行われるためEも誤り。

18 C

葉に送られた水の大部分は、水蒸気となって気孔から大気中へ出て行く。この働きを「蒸散」という。蒸散が行われることによって、植物は根から水を吸収し、道管を通してからだのすみずみまで送ることができる。

19 A

「オーキシン」は、茎頂や根端の成長点で作られ、細胞の成長を促進させる。濃度によって細胞の成長量が異なるため、植物が曲がる屈性という性質が生じる。オーキシンは総称で、自然に存在するものにはインドール酢酸、人工的に作られるものにはナフタレン酢酸などがある。Bの「サイトカイニン」は、植物細胞の活性を高め、細胞の老化を抑制させる働きをする。Cの「エチレン」は、果実などの成熟を促進するホルモンである。Dの「アブシジン酸」は、細胞の働きを抑制する。Eの「アラタ体」は、昆虫の頭部にある器官で、幼若ホルモンを分泌させる。

20 A

「フック」（1635～1703）は、イギリスの物理学者・生物学者。「フックの法則」の発見者としても有名である。細胞については、1665年にその著書『ミクログラフィア』に発表した。その後、19世紀になって、「生物の構造と機能の基本単位は細胞である」という細胞説が提唱され、そのうち植物細胞についてはBの「シュライデン」、動物細胞についてはEの「シュワン」が提唱した。また、Cの「フィルヒョー」は「細胞は細胞から生じる」と、細胞説を補強した。Dの「北里柴三郎」は、19世紀末にペスト菌を発見した日本の医学者である。

4

生物

21 動物細胞にはなく植物細胞に特徴的な細胞小器官はどれか、次の中から一つ選びなさい。

A 染色体　　B 核小体　　C 核膜

D ミトコンドリア　　E 細胞壁

22 日長（昼の長さ）の変化によって生物現象が起こることを何というか、次の中から一つ選びなさい。

A 春化　　B 同周性　　C 光合成

D 光周性　　E 光期性

23 双子葉植物が肥大成長をするための分裂組織を何というか、次の中から一つ選びなさい。

A 海綿状組織　　　B 師管　　C 孔辺細胞

D 形成層　　E 道管

24 生物の有性生殖に関係のある語を、次の中から一つ選びなさい。

A 分裂　　B 受精　　C 出芽

D 胞子生殖　　　E 栄養繁殖

解答＆解説

21 E

動物細胞にはなく、植物細胞に特徴的な細胞小器官としては、「細胞壁」と「葉緑体」の二つが挙げられる。細胞壁は、セルロースが主成分で、細胞の保護と支持がその役割である。動物細胞に特徴的な細胞小器官には、ゴルジ体がある。

22 D

「光周性」という。長日植物（ホウレンソウ、コムギ、ダイコンなど）は、暗期が一定時間より短くなると花芽が分化する植物であり、春から初夏が開花期になる。一方、短日植物（アサガオ、キク、コスモス、イネなど）は、暗期が一定時間より長くなると花芽が分化する植物で、夏から秋が開花期になる。日長に関係なく花芽が分化する、中性植物（トマト、トウモロコシ、セイヨウタンポポなど）もある。これらの性質を利用して、開花の調整を行うことができる。

23 D

植物の組織は、分裂組織と分化した組織に大別できる。分裂組織は、細胞分裂を続ける組織で、細胞は未分化で細胞壁は薄い。「形成層」は茎や根の肥大成長に働き、種子植物では双子葉植物だけにあり、単子葉植物では層としては存在しない。通常は茎や根の維管束に存在する。双子葉植物や裸子植物の茎や根では維管束が環状に規則正しく配置され、形成層が維管束間をつなぐように伸びているため、維管束形成層は環状の層をなしている。Aの「海綿状組織」は、基本組織系のうち柔組織の同化組織。Bの「師管」は、葉で合成された有機物の通路。Cの「孔辺細胞」は、葉表面の小さな孔を作る細胞。Eの「道管」は、根で吸収した水や無機塩類の通路。

24 B

「受精」は、卵と精子の接合。受精でできる接合子を受精卵という。精子は小型で運動性のある配偶子、卵は内部に栄養をたくわえた大型で運動性のない配偶子。Aの「分裂」は、無性生殖において、からだが複数に分裂することで新個体になる。Cの「出芽」は、からだに芽のような突起が生じ、成長して新個体になる。Dの「胞子生殖」は、胞子と呼ばれる生殖細胞が単独で発芽して新個体になる。Eの「栄養繁殖」は、根・茎・葉などの栄養器官から新個体ができる。

25 呼吸に関する説明のうち、正しいものを次の中から一つ選びなさい。

A 反応は、すべてミトコンドリアで進む

B 初期の反応である「解糖系」は、アルコール発酵の初期の反応と同じである

C 「クエン酸回路」は、酸素を必要とする反応である

D ATPの生成は、すべて「電子伝達系」で行われる

E 呼吸では、ブドウ糖1に対して40ATPが生成される

26 酵素の特徴として正しいものはどれか。次の中から一つ選びなさい。

A 酵素の本体は脂質である　　B 補酵素はタンパク質でできている

C 高温に対して耐性を持つ　　D 触媒として働く

E すべての酵素の最適pHは7である

27 動物の学習および知能行動に関する記述として正しいものは、次のうちどれか。一つ選びなさい。

A 起こってないことを予想したり、過去の経験を生かして未経験のことに対処したりする行動を学習という

B 生まれてからの経験や訓練によって新しい行動を身につけることを知能行動という

C 生後まもない時期に特定の行動を学習することを刷り込み（インプリンティング）という。刷り込みは生後24時間以内にほぼ終了するが、一度刷り込まれても容易に変更できる

D 迷路にネズミを放ち、エサを出口に置いておくと最初のうちはエサに到達するのに何度も誤るが、繰り返すうちに誤る回数が減ってくる。これを試行錯誤学習という。学習効果を大きくするには報酬や罰を与えるとよいが、そのときネズミが空腹であるかどうかは学習効果に影響がない

E 反射に先だって、それと無関係な刺激を繰り返し与えることによって形成される習得的行動を条件反射という

解答&解説

25 B

呼吸の初期の反応である「解糖系」は、アルコール発酵の初期の反応と同じであるから、Bが正しい。

呼吸の反応はすべてが「ミトコンドリア」で進むわけではない。「解糖系」は「細胞質基質」で進むので、「クエン酸回路」と「電子伝達系」がミトコンドリアで進む。Aは誤り。「クエン酸回路」の反応は酸素を必要としない。酸素を必要とするのは「電子伝達系」なので、Cは誤り。ATPの生成はすべてが「電子伝達系」で行われるわけではない。「解糖系」で2ATP、「クエン酸回路」で2ATP、「電子伝達系」で34ATPが生成されるので、Dは誤り。呼吸では、ブドウ糖1に対し、38ATPが生成されるので、Eは誤り。

26 D

Dの「触媒として働く」が正しい。酵素は「生体触媒」であり、生物の生命活動における様々な化学反応を起こしやすくする働きを担っている。各々の酵素には、特定の基質に対する化学反応だけを触媒する「基質特異性」がある。

酵素の本体はタンパク質なので、Aは誤りである。補酵素はタンパク質以外の有機物でできているので、Bは誤りである。多くの酵素の最適温度は35～40℃くらいであり、60～70℃以上の高温になるとタンパク質が変性して酵素は活性を失うので、Cは誤りである。酵素の最適pHは酵素の種類によって異なるので、Eは誤りである。

27 E

Eが正しい。訓練や経験によって後天的に作られた反射行動のこと。対する語としては、先天的な無条件反射がある。イワン・パブロフによって発見され、パブロフの犬の実験で有名。

Aの過去の経験を生かして未経験のことに対処したりする行動は知能行動である。よって、誤り。Bは、生まれてからの経験や訓練によって新しい行動を身につけることは学習である。よって、誤り。Cの刷り込みは、一度行われると変更が困難である。よって、誤り。Dでは、空腹時の方が学習効果は高くなる。よって、誤り。

4

生物

28 細胞小器官の中で、タンパク質合成を担っているものはどれか。次の中から一つ選びなさい。

A 核　　B ミトコンドリア　　C リボソーム　　D リソソーム　　E 小胞体

29 血液に関する説明のうち、正しいものを次の中から一つ選びなさい。

A 血液の成分はすべて肝臓で生成される

B ヒトの赤血球は有核の細胞である

C 白血球は食作用を担っている

D 血小板は免疫を担っている

E 血しょうは酸素の運搬を担っている

30 肝臓・腎臓の働きに関する説明のうち、正しいものを次の中から一つ選びなさい。

A 肝臓は様々な化学反応を担っているが、養分を貯蔵することはできない

B ヒトの肝臓は、有害なアンモニアを比較的毒性の低い尿酸に変える

C 肝臓は化学反応を行う際に熱を吸収する

D 腎臓では血液中の老廃物だけが効率よく、糸球体からボーマンのうへこし取られる

E 腎臓でこしとられた老廃物は、細尿管から腎うに集まり、尿となってぼうこうを経て排出される

解答＆解説

28 C

　タンパク質合成を担っているのは、Cの「リボソーム」である。

　Aの「核」は遺伝子の集まりである染色体を持ち、生命活動の中枢と遺伝を担っている。Bの「ミトコンドリア」は酸素呼吸を担っており、ブドウ糖と酸素からATP（アデノシン三リン酸）と呼ばれるエネルギーを生成している。Dの「リソソーム」は内部に細胞内消化酵素を含んでおり、細胞内の不要物質の分解、異物の分解、そして細胞の自己分解を担っている。Eの「小胞体」は物質の輸送路としての機能を担っている。

29 C

　白血球は食作用を担っており、細菌などの異物を捕食・消化するので、Cが正しい。

　血液の有形成分である赤血球、白血球、血小板がつくられるのは「骨髄」であり、「肝臓」ではないので、Aは誤り。なお、古くなった赤血球は「肝臓」や「脾臓」で破壊される。ヒトを含め、「哺乳類」の赤血球は、無核である（他の動物の赤血球は有核）から、Bは誤り。血小板が担うのは「免疫」ではなく、「血液凝固」である。「免疫」を担うのは白血球の約30%を占めるリンパ球であるから、Dは誤り。血しょうは「酸素の運搬」を担っていない。「酸素の運搬」を担うのは赤血球である。血しょうが運搬するのは、血液の有形成分のほかに、養分、ホルモン、抗体、二酸化炭素やアンモニアや尿素などの老廃物、無機塩類、熱（体温の維持）などであるから、Eは誤り。

30 E

　Eが正しい。

　肝臓は養分であるグリコーゲンや脂質を貯蔵できるので、Aは誤り。哺乳類や両生類、軟骨魚は、アンモニアを「尿素（水に溶けやすい）」に変えて排出するので、Bは誤り。「尿酸（水に溶けにくい）」に変えて排出するのは、昆虫類、爬虫類、鳥類である。肝臓で化学反応が行われるときには熱が発生し、体温の保持に利用されるので、Cは誤り。腎臓の糸球体で尿素などの老廃物がボーマンのうにこし取られるときには、血しょう中のタンパク質を除く成分がすべてこし取られて「原尿」となるので、Dは誤り。原尿が細尿管を通る際に、95%の水、グルコース、有用な無機塩類が毛細血管に再吸収され、残った老廃物が尿となって排出される。

4

生物

31 免疫に関する説明の中で、正しいものを次の中から一つ選びなさい。

A 体内に侵入した異物を「抗体」、抗体を無力化するために体内でつくられるものを「抗原」という

B 予防接種は、あらかじめ抗体を接種しておくことにより、病気を予防する方法である

C 異なる血液型の輸血では、免疫反応は起こらない

D HIV（ヒト免疫不全ウイルス）は、免疫の働きを失わせてしまうものである

E アレルギー反応は細菌などの感染とは無関係であるため、免疫反応ではない

32 自律神経系、内分泌系に関する説明の中で、正しいものを次の中から一つ選びなさい。

A 交感神経は心臓の拍動を促進する

B 副交感神経は、消化を抑制する

C アドレナリンはすい臓から分泌され、血糖値を下げる働きを担う

D インスリンはすい臓から分泌され、血糖値を上げる働きを担う

E グルカゴンは副腎髄質から分泌され、血糖値を上げる働きを担う

33 血液型の遺伝に関する説明の中で、正しいものを次の中から一つ選びなさい。

A A型とB型の親からは、O型の子供は生まれない

B AB型とO型の両親からは、O型の子供が生まれる

C B型とB型の両親からは、O型の子供が生まれる

D O型とA型の両親からは、必ずA型の子供が生まれる

E AB型とAB型の両親からは、O型の子供が生まれる

解答＆解説

31 D

HIVが感染すると免疫システム自体が失われてしまい、感染力の弱い病原菌に対しても発病してしまうようになる。Dが正しい。

体内に侵入した異物が「抗原」であり、抗原を無力化するために体内で作られるものが「抗体」であるから、Aは誤り。予防接種は、無毒化・弱毒化した「抗原」を接種することにより、あらかじめ体内に「抗体」を作っておき、病気を予防するものであるから、Bは誤り。他者の血液も異物であり、異なる血液型の血液を輸血すると、免疫反応（抗原抗体反応）が起きて血液が凝固してしまうので、Cは誤り。花粉など病原菌ではないものも、異物として認識されると「抗原」となり、花粉症などのアレルギー反応は、強く表れる免疫反応（抗原抗体反応）であるから、Eは誤り。

32 A

交感神経は、身体を活発に活動させる方向に働くため、Aは正しい。

副交感神経は、身体を抑制する方向に働くとともに、消化を促進する方向に働くので、Bは誤り。アドレナリンは副腎髄質から分泌され、交感神経の働きを促進するとともに、血糖値を上げる働きを担うので、Cは誤り。インスリンはすい臓から分泌され、血糖値を下げる働きを担う。Dは誤り。グルカゴンはすい臓から分泌され、血糖値を上げる働きを担う。Eは誤り。

33 C

B型の遺伝子型には「BB」と「BO」があり、両親ともに「BO」の場合、B型とO型の子供が生まれる。O型の子供が生まれる場合があるので、Cは正しい。

A型の遺伝子型には「AA」と「AO」があり、B型の遺伝子型には「BB」と「BO」がある。両親が「AO」と「BO」ならば、AB型、A型、B型に加え、O型の子供が生まれる場合があるので、Aは誤り。

AB型の遺伝子型は「AB」で、O型の遺伝子型は「OO」である。この場合、子供の血液型はA型かB型になるため、O型の子供は生まれないので、Bは誤り。

O型の遺伝子型は「OO」であり、A型の遺伝子型には「AA」と「AO」がある。両親が「OO」と「AO」ならば、A型とO型の子供が生まれるので、Dは誤り。

AB型の遺伝子型は「AB」であり、両親ともにAB型の場合、AB型、A型、B型のいずれかの子供が生まれる。O型の子供は生まれないので、Eは誤り。

5 物理

ここを
チェック!

◆基本的な法則は確認しておく
◆物体の運動、力のつり合い、エネルギー、電気、波動などの復習をしっかりとしておく

1 絶対温度0〔K〕は摂氏約何度か、次の中から一つ選びなさい。

A 4℃　　B 0℃　　C −173℃

D −273℃　　E −373℃

2 質量を測定する器具と、質量を表す単位についての説明として、最も適切なものを次の中から一つ選びなさい。

A 質量は上皿天秤で測定し、単位はニュートン(N)やパスカル(Pa)を用いる

B 質量はばねはかりで測定し、単位はニュートン(N)やパスカル(Pa)を用いる

C 質量は上皿天秤で測定し、単位はヘクトパスカル(hPa)を用いる

D 質量は上皿天秤で測定し、単位はグラム(g)やキログラム(kg)を用いる

E 質量はばねはかりで測定し、単位はグラム(g)やキログラム(kg)を用いる

3 電車に急ブレーキがかかると、立っている乗客は前に倒れそうになるが、これは次のどの法則によるものか、次の中から一つ選びなさい。

A 作用・反作用の法則　　B レンツの法則　　C 慣性の法則

D エネルギー保存の法則　　E 万有引力の法則

4 力の3要素の組み合わせとして正しいものはどれか、次の中から一つ選びなさい。

A 作用点 ── つり合い ── 摩擦力　　B 向き ── 作用点 ── 摩擦力

C 大きさ ── 作用点 ── つり合い　　D つり合い ── 向き ── 摩擦力

E 大きさ ── 向き ── 作用点

解答＆解説

1 D

絶対温度0〔K〕（ゼロケルビン）は、絶対零度のことで、物質における温度の下限（これ以下に下がることがない温度）を示す。セルシウス度（摂氏）では－273.15℃である。Aの4℃は、水の比重が最も大きくなる温度、Bの0℃は、水が液体から固体になる温度（凝固点）である。

2 D

質量は、物体の持つ固有の量であり、常に同じ値を示す。単位にはグラム（g）やキログラム（kg）を用いる。質量は上皿天秤で測定する。これに対して重さは物体に働く重力のことで、単位はニュートン（N）を用いる。1Nは、質量約100gの物体に働く地球の重力の大きさである。また、パスカル(Pa)は圧力の単位である。

3 C

アイザック・ニュートンが創始した一連の物理法則をニュートン力学という。ニュートン力学では、物体は質点及び質量をもった数学的な点の集まりとして扱われる。第一法則は「慣性の法則」とも呼ばれ、外力が加わらなければ、質点はその運動または静止状態を維持する（力を加えられない質点は等速直線運動を行う）というものである。なお、第二法則はニュートンの運動方程式、第三法則は作用・反作用の法則といわれる。Bのレンツの法則は、誘導電流と磁場の関係についての法則である。

4 E

力の働きは、大きさ、向き、作用点の三つによって決まり、この三つを力の3要素という。ばねに力を加えて、下向きに引く場合、ばねに加える力の大きさが異なれば、ばねの伸びも異なる。また、物体に同じ大きさの力を加えても、加える力の向きが異なると物体の動きは違ってくる。さらに、力の働く点を作用点という。例えば、積木に同じ向きに同じ大きさの力を加える時、積木の真ん中を押すとまっすぐ動くが、端を押すと回りながら動く。力の作用点が異なると、力の働きも違うことが分かる。

5

物
理

5 つるまきばねに分銅をつるすとき、ばねの伸びと分銅の重さが比例する。この関係はほかの変形にも当てはまり、弾性限界内では、弾性体の変形と加えた力とは比例する。この法則名を次の中から一つ選びなさい。

A ガウスの法則

B フックの法則

C 作用・反作用の法則

D ファラデーの法則

E クーロンの法則

6 電圧計の使い方について、正しいものはどれか、次の中から一つ選びなさい。

A 回路に直列につなぎ、＋端子は電源の＋極、－端子は－極につなぐ

B 回路に直列につなぎ、＋端子は電源の－極、－端子は＋極につなぐ

C 回路に並列につなぎ、＋端子は電源の＋極、－端子は－極につなぐ

D 回路に並列につなぎ、＋端子は電源の－極、－端子は＋極につなぐ

E 回路には直列につないでも、並列につないでもよいが、＋端子は電源の－極、－端子は＋極につなぐ

7 豆電球を並列につないだ場合、豆電球の数を増やしていくと明るさはどうなるか、適切なものを次の中から一つ選びなさい。

A だんだん暗くなる

B 変わらない

C だんだん明るくなる

D 明るさが一定しなくなる

E 消える

8 電流には直流と交流があるが、交流について説明しているものを次の中から一つ選びなさい。

A 常に一定方向に流れる

B モーターには整流器が必要である

C 変圧が容易である

D 略称はDCである

E 電池や静電気により発生する

解答＆解説

5 B

　「フックの法則」は、17世紀のイギリスの物理学者フックによって発見された。金属のばねやゴムの棒に力を加え、伸ばしたり縮めたりして変形させると、元の長さに戻ろうとする力(復元力)が生じる。復元力から生じる性質を弾性という。フックの法則は、つるまきばねなどの他に、板や棒の曲げなど、伸縮以外の変形にも当てはまる。Aの「ガウスの法則」は、電荷と電場の関係を表す方程式。Cの「作用反作用の法則」は、運動の第3法則のことで、力が相互作用によって生じるものであり、一方が受ける力と他方が受ける力は向きが反対で大きさが等しいことを表わす経験則である。Dの「ファラデーの法則」には二つある。その一つは、電磁誘導における誘導起電力に関する法則。もう一つは、電気分解の法則となる。これは電気分解において、流れた電気量と生成物質の質量に関する法則である。Eの「クーロンの法則」は、静電気力に関するものと、磁気力に関するものがある。

6 C

　電圧計は、電圧の大きさを計る計器であり、直流用（目盛り板にVの表示があるもの）と交流用とがある。また、測定する電圧の大きさによって、－端子の接続位置を変えたり、スイッチを変えて測定範囲を決めるものが多い。電圧計の内部には大きな抵抗が入っているので、直列につなぐと回路に電流がほとんど流れなくなる。

7 B

　豆電球を並列につないだ場合、その数が増えても明るさは変わらない。ただし、電池につないだとすれば、電池の消耗が速くなる。一方、直列つなぎにした場合、電圧を変えなければ、豆電球の数を増やせば増やすほど、明るさは暗くなる。

8 C

　交流（AC）は、直流（DC）に対して、時間とともに周期的に振幅が変化し、方向が変わる電流のことである。交流の特徴は、「変圧が容易であること」、「モーターには整流器が不要なこと」などが挙げられる。通常、一般家庭に送電されているのは交流であり、家庭用電源を使用する電化製品は交流電源に対応している。

9 ある金属線に流れる電流の強さと、加えた電圧の大きさとの間に成り立つ関係を示す法則を、次の中から一つ選びなさい。

A ジュールの法則

B キルヒホッフの法則

C クーロンの法則

D ガウスの法則

E オームの法則

10 100V・400Wの電熱器を5時間使ったときの消費電力量はどれか、次の中から一つ選びなさい。

A 0.4 kWh　　B 1.0 kWh　　C 2.0 kWh

D 4.0 kWh　　E 20.0 kWh

11 電気をよく通す物質のことを何というか、次の中から一つ選びなさい。

A 金属　　B 絶縁体　　C 抵抗体

D 導体　　E 銅線

解答＆解説

9 E

　「オームの法則」は、1826年、ドイツの物理学者オームによって発表された。金属線を流れる電流の強さI〔A〕は、電圧V〔V〕に比例するというものである。直流回路の場合、抵抗をR〔Ω〕とすると、E＝RIとなる。電気工学で最も有名・有用な法則である。Aの「ジュールの法則」は、抵抗Rの物体に、Iの電流をt秒間流したときに発生する熱量（ジュール熱）Q〔J〕は、Q＝I^2Rtとなる、というもの。Bの「キルヒホッフの法則（キルヒホッフの第1法則）」は、電流回路のある分岐点に流れ込む電流の総和はその分岐点から流れ出す電流の総和に等しいという法則である。Cの「クーロンの法則」は、電荷を帯びた粒子間に働く力に関する法則であり、Dの「ガウスの法則」は、電荷と電場の関係を表す方程式である。

5

物理

10 C

　電流×電圧×時間＝電力×時間を電力量と呼ぶ。電力量は、ある時間に消費する電力のエネルギーを表す。いわゆる電力料金は、電力量によって決められている。電力量の単位はワット時（記号Wh）またはキロワット時（記号kWh）を用いる。

　1kWhとは、1kWの電力を1時間使った時の電力量である。100V・400Wの電熱器を5時間使ったときの消費電力量は、400（W）× 5（h）＝2000（Wh）＝2.0 kWhである。

11 D

　電気をよく通す物体のことを「導体」という。金属は導体の一つであるが、これは金属中にどの原子にも属さず、自由に移動することのできる電子（自由電子）があり、この自由電子の移動によって電気が伝えられるからである。電気を通しにくい物質を「絶縁体、または不導体」という。ガラスやエボナイトなどは絶縁体で、これらの物質の中の電子はすべて原子や分子に束縛されていて自由に動くことができにくいので、電気を伝えにくい。導体と絶縁体の中間的性質を持つ物質を半導体という。

12 電荷を蓄えて放出することができる電子部品は何か。次の中から一つ選びなさい。

A トランジスタ

B ダイオード

C 変圧器

D クルックス管

E コンデンサー

13 二つの帯電体の間に働く静電気力の大きさに関する法則を何というか、次の中から一つ選びなさい。

A レンツの法則

B ファラデーの法則

C クーロンの法則

D 電気量保存の法則

E フレミングの法則

14 摩擦による発熱を説明している文として正しいものを、次の中から一つ選びなさい。

A 接触する部分の物質が、一部気化することによる熱である

B 接触する部分の物質が、部分的に微量に融解したことによる熱である

C 接触する部分にあるかすかな空気層が圧縮された熱である

D 接触面同士の静電気が生じているための熱である

E 接触面の分子が互いに揺れ動き、内部エネルギーが高まった熱である

解答&解説

12 E

　Eのコンデンサーは、2枚の金属板を平行に向かい合わせ、2枚の金属板の間に正負等量の電荷を蓄えられるようにしたものである。Aのトランジスタは、微弱な電流の増幅作用をもつ。Bのダイオードは、一方向だけに電流を流す整流作用をもつ。Cの変圧器は電圧を変換する装置である。Dのクルックス管は、陰極線を発生させる放電管である。

13 C

　毛皮でこすったエボナイト棒や、絹布でこすったガラス棒は、軽い物体を引きつける。これは、これらの棒に電気が生じているためである。このように、物体に電気が生じているとき、その物体は帯電しているといい、その物体を帯電体という。また、このときの電気は、物体の表面で静止しているので、静電気といわれる。クーロンは、二つの帯電体の間に働く静電気力の大きさを調べ、クーロンの法則を発見した。「二つの点電荷の間に働く静電気力の大きさは、それぞれの点電荷が持つ電気量の積に比例し、二つの点電荷の間の距離の2乗に反比例する」というものである。

14 E

　Aは気化熱、Bは融解熱の説明である。CとDは、空気や静電気がなくても摩擦熱は発生するので誤り。正解はEで、摩擦熱は、物体の接触する面の分子運動が盛んになるために発生する熱である。

5

物理

15 静電気を応用した機械として適切なものはどれか。次の中から一つ選びなさい。

A 芝刈り機　　B 掃除機　　　C コピー機

D 噴霧機　　E 扇風機

16 音の3要素の正しい組み合わせを、次から一つ選びなさい。

A リズム・メロディー・ハーモニー

B 美しさ・楽しさ・大きさ

C 強さ・長さ・メロディー

D 大きさ・高さ・音色

E 長さ・大きさ・音色

17 二つの音叉（おんさ）を向かい合わせて置き、一方を鳴らすと他方も鳴り出す現象を何というか。次の中から一つ選びなさい。

A 共音　　B 共鳴　　C 反応

D 連鎖　　E 干渉

解答＆解説

15 C

　「コピー機」や「レーザープリンター」は静電気を利用したものである。コピー機のドラムは、光の当たった部分は電気を通すが、光の当たらない部分では電気を通さない性質を持つ感光体が塗られている。まずドラムを＋に帯電させる。次にコピーする原稿に光を当てて反射した像をドラムに当てる。絵や文字のない白い紙の部分に光を当てると、光は反射するが、文字や絵がある部分は光を吸収して影になって残る。反射した部分と影の部分がドラムに当たると、影の部分は電気が逃げないので、＋の電気が残る。反射した部分は光が当たるために感光体が電気を通す。そのドラムに電気を外へ流すアースを取り付けておくことで、その部分の電気を失くす。

　次に－に帯電した着色材（トナー）をドラムにふりかけると、トナーが＋の電気に帯電した部分（文字や絵の部分）に付着する。最後に、熱と圧力を加えてトナーを紙に定着させる。

16 D

　音は、物体の振動のうち、周波数が人間の可聴域にあるものをいう。音の3要素は、大きさ・高さ・音色である。音の大きさは、同じ高さの音ならば振幅の大小によって異なり、音の高さは、音波の振動数の大小による。人がふつう聞くことができる音波の振動数は、およそ20〜20000ヘルツである。また、同じ高さ、同じ大きさの音でも、楽器が異なると感じ方が違う。この違いを音色という。音色の違いは、音波の波形の違いによる。

17 B

　すべての物体は、その材質・形・大きさによりその物体固有の振動数の音を出す。このような、その物体固有の振動数のことを固有振動数という。一方の音叉を鳴らすと、他方の音叉も鳴り出すのは、二つの音叉の固有振動数が等しい場合である。このような現象を「共鳴」または「共振」という。固有振動数が異なると、共鳴は起こらない。音叉には共鳴して音を強くする働きをする共鳴箱を取り付けることがあるが、この場合は共鳴すると音が強くなる。

18 音の高さは、どれによって決まるか、次の中から一つ選びなさい。

A 物体の振動する回数

B 物体の振動する幅

C 振動する物体の大きさ

D 物体の振動する環境

E 振動する物体との距離

19 なめらかな水平面上に置かれた質量10kgの物体に20Nの力を加えると物体が動き始めた。このまま力を加え続けると、5秒後に、この物体の速さはどうなるか、次の中から一つ選びなさい。

A 2m/秒　　B 4m/秒　　C 6m/秒

D 8m/秒　　E 10m/秒

20 救急車が近付く時にはサイレンの音が高く聞こえ、遠ざかる時には低く聞こえる現象はどれによるものか、次の中から一つ選びなさい。

A コンドラチェフの波　　B ドップラー効果　　C 日面通過

D ルーブル効果　　E キルリアン現象

18 A

　音は、物体の振動が空気などを振動させ、波として伝わっていく。物体が1秒間に振動する回数が多い（振動数が大きい）ほど音は高く、物体の振動の幅（振幅）が大きいほど音は大きくなる。

19 E

　等加速度運動における速度を求める公式は次の通りである。
初速度 v_0〔m/秒〕、加速度a〔m/秒²〕で等加速度運動をする物体が t 秒間に移動する距離を x〔m〕、t〔秒〕後の速度を v〔m/秒〕とすると、
　　速　　度…$v = v_0 + at$
　　移動距離…$x = v_0 t + \dfrac{1}{2}at^2$である。
F＝maにおいて、F＝20、m＝10を代入して、20＝10a　a＝2〔m/秒²〕となる。
　　従って
$v = v_0 + at$で、v_0＝0より、v＝2×5＝10〔m/秒〕になる。

20 B

　「ドップラー効果」は、波（音波・光波・電波など）の発生源と観測者との相対的な速度によって、波の周波数が異なって観測される現象のこと。発生源が近づく場合には波の振動が詰められて、周波数が高くなり、逆に遠ざかる場合は振動が伸ばされて低くなる。音についてのこの現象は古くから知られていたが、オーストリアの物理学者ドップラーが速度と周波数の間の数学的な関係式を見出し、実験によって実証したことから名付けられている。
　Aの「コンドラチェフの波」は、経済用語で、18世紀以来の物価・利子率・生産量などの動きに見られる50〜60年を周期とする波動。Cの「日面通過」は、内惑星である水星や金星が地球と太陽の間に来て、太陽面上を横切ること。太陽面通過、日面経過ともいう。Dの「ルーブル効果」は、ロシアの為替相場に関する用語。Eの「キルリアン現象」は、高周波電解中に置かれた生物体による放電現象。

5
物理

21 光の性質について説明した文章である。（　　　　）内にあてはまる語句を次の中から一つ選びなさい。

光は波動性と（　　　　）の二重性を持っている。

A 粒子性　　B 回折性　　C 伝播性

D 屈折性　　E 反射性

22 光の性質に関する説明のうち、誤っているものを次の中から一つ選びなさい。

A 可視光のうち、最も波長の長いのは青紫色、最も波長が短いのは赤色である

B 太陽電池は、半導体のP－N接合面に光が当たると、電子がはじかれて電流が流れる現象を利用したものである

C 音は真空中を通らないが、光は真空中を伝わる

D 金魚鉢の金魚が実際よりも大きく見えるのは、光の屈折による

E 太陽光や電燈光のように、いろいろな方向に振動する横波を含む光を自然光という

23 焦点距離0.20mの薄い凸レンズがある。レンズから距離0.15mの光軸上に置かれた大きさ5.0cmの物体の像について、像のできる位置を、次の中から一つ選びなさい。

A レンズから物体側に0.30mの位置

B レンズから物体側に0.40mの位置

C レンズから物体側に0.60mの位置

D レンズから物体側に0.80mの位置

E レンズから物体側に0.90mの位置

24 光を分散させると、波長の長さの順番に並んだ色の帯ができる。この色の帯を何というか、次から一つ選びなさい。

A プリズム　　B スペクトル　　C 回折格子

D 偏光　　E カラーベルト

解答＆解説

21 A

　光は古くから波として考えられていたが、アインシュタインは光量子というエネルギーを持った粒子であるという説を提唱した。光が波動であることを強調する場合は光波と呼び、反射・屈折・回折などの現象を起こす。粒子であることを強調する場合は光子と呼ばれる。光子は電磁場の量子化によって現れる量子の一つで、電磁相互作用を媒介する。

22 A

　人の目に感じる光を可視光という。光の色は波長によって異なり、波長の短いほうから、紫、藍、青、緑、黄、橙、赤と並び、連続的に変化する。屈折率は波長によって異なり、波長の短い光ほど屈折率が大きい。

23 C

　光源からレンズの中心までの距離を a 、レンズの中心から像までの距離を b 、焦点距離を f とした時、次の式が成り立つ。

〈レンズの式〉

$$\frac{1}{a} + \frac{1}{b} = \frac{1}{f}$$

凸レンズ：f＞0　凹レンズ：f＜0
実像：b＞0　　　虚像：b＜0

レンズから b の位置に像ができるとすれば、レンズの式より、

$$\frac{1}{0.15} + \frac{1}{b} = \frac{1}{0.20}$$ よって $$\frac{1}{b} = \frac{1}{0.20} - \frac{1}{0.15} = -\frac{1}{0.60}$$

ゆえに、b＝−0.60〔m〕となる。

24 B

　光をプリズムに通すと、いろいろな色の光に分かれる。この現象を光の分散という。いろいろな色（波長）の光を混ぜると白色になる。また、一つの波長からなる光を単色光という。熱放射による光はあらゆる波長の光を含んでいる。このような光はプリズムに通すと、連続的な虹色の模様になる。そこで、このような光のスペクトルを連続スペクトルと呼ぶ。ナトリウムや水素、ネオンなどのスペクトルは細い線の集まりで、線スペクトルと呼ぶ。

25 気温30℃のとき、空気中を伝わる音の速さ（音速）はいくらか、次の中から一つ選びなさい。

A 365.5〔m/s〕　　B 360.0〔m/s〕　　C 349.5〔m/s〕

D 345.5〔m/s〕　　E 331.5〔m/s〕

26 音波の記述について、正しいものを次の中から一つ選びなさい。

A 媒質は不要である

B 分散を起こす

C 回折を起こす

D 干渉を起こさない

E 音速は、気温が低いほど速くなる

27 磁石を熱すると、ある温度以上で急に磁石としての性質を失う。この温度を何というか、正しいものを次の中から一つ選びなさい。

A 露点

B 融点

C キュリー点

D 臨界点

E 沸点

解答＆解説

25 C

空気中を伝わる音の速さは、気温の変化に影響を受ける。一般に気温が高いと音の伝わる速さ（音速）は上がる。音速を求めるには次の公式を用いる。

気温が t〔℃〕のときの音速 V〔m/s〕は、$V=331.5+0.6t$

したがって問題の音速は、$331.5+0.6×30=349.5$〔m/s〕

26 C

回折は、波が障害物の裏側へ回り込む現象である。音波は回折を起こすので、Cが正しい。

音波は、媒質の密度の変化が伝わる「疎密波」（縦波）であり、伝わるための媒質（気体・液体・固体のいずれか）が必要であるので、Aは誤り。音波は分散を起こさない。分散とは、太陽光などの白色光をプリズムに通すと、光の波長ごとに赤、橙、黄、緑、青、藍、紫の光に分かれることであるので、Bは誤り。音波は「うなり」（わずかに高さが異なる音を同時に鳴らすと、音の強弱が周期的に変化する現象）を起こす。うなりは、干渉の一種である。干渉とは、波の山と山（谷と谷）が重なると互いに強め合い、波の山と谷が重なると互いに打ち消し合う現象である。音波は干渉を起こすので、Dは誤り。気温が t℃のときの音速 V は、V（m/s）$=331.5+0.6t$ である。音速は気温が高いほど速く、気温が低いほど遅くなるので、Eは誤り。

27 C

キュリー点はキュリー温度ともいう。強磁性体が常磁性体に、また強誘電体が常誘電体に変化する転移温度である。キュリー点は、発見者であるフランスの物理学者ピエール・キュリーにちなんだもの。彼は、妻のマリとともに、ラジウムやポロニウム発見に尽力し、1903年には妻とともにノーベル物理学賞を受賞している（妻のマリは、夫の死後ノーベル化学賞を受賞）が、それ以前に兄のジャック・キュリーとともに磁性の研究においても大きな業績をあげていた。

Aの露点は、大気中に含まれている水蒸気が、凝結しはじめるときの温度。Bの融点は、1気圧（約1013hpa）のもとで、固体が融解しはじめるときの温度。Dの臨界点は、気体を圧縮しても冷やしても凝縮することができない圧力と温度を示す点。Eの沸点は、液体が沸騰しはじめるときの温度。水の1気圧での沸点は100℃である。

5

物理

28 浮力についての説明として正しいものを、次の中から一つ選びなさい。

A 同じ重さの物質に働く浮力は同じ大きさである

B 浮力の大きさは、沈める物体の体積によって変化する

C 浮力の大きさは物体の材質によって変化する

D 同じ船ならば、湖でも海でも、働く浮力の大きさは同じである

E 浮力の大きさは、物体を沈める液体の種類だけが影響する

29 エネルギーの変換についての説明として正しいものを、次の中から一つ選びなさい。

A 太陽電池は、化学エネルギーを光エネルギーに換える装置である

B 乾電池は、電気エネルギーを化学エネルギーに換える装置である

C 火力発電機は、電気エネルギーを運動エネルギーに換える装置である

D 蒸気機関車は、熱エネルギーを化学エネルギーに換える装置である

E ジェットコースターは、位置エネルギーを運動エネルギーに換える装置である

30 消費電力1000Wのドライヤーを100Vの電源に接続して使用した。このときに流れる電流の値を、次の中から一つ選びなさい。

A 0.1アンペア 　　 B 1アンペア 　　 C 10アンペア 　　 D 100アンペア

E 1000アンペア

解答&解説

28 B

　浮力とは、液体に沈めた物体が液体から受ける圧力の合力である。物体の側面への圧力はつり合っている。物体の上面への圧力と下面への圧力では水圧の影響で、物体の下面への圧力の方が物体の上面への圧力よりも大きいため、浮力は物体に対して上向きに働く力となる。

　アルキメデスの原理により、液体中にある物体に対して働く力の大きさは、物体の体積と同じ体積の液体の重さ（重力）と等しくなる。よって、Bが正しい。

　浮力の大きさは物質の重さや材質とは関係ないので、AとCは誤り。また、湖と海では液体の密度が異なるため、同じ船でも浮力は異なるので、Dは誤り。Eの場合、「液体の種類だけが（浮力の大きさに）影響する」と書かれているので誤り。浮力の大きさは、液体中にある物体の体積と、液体の密度に影響される。

29 E

　Eが正しい。

　Aの太陽電池は、光エネルギーを電気エネルギーに換える装置である。Bの乾電池は、化学エネルギーを電気エネルギーに換える装置である。Cの火力発電機は、燃料などの化学エネルギーを熱エネルギーに換え、熱エネルギーを運動エネルギーに換え、運動エネルギーを電気エネルギーに換える装置である。Dの蒸気機関車は、石炭の化学エネルギーを熱エネルギーに換え、熱エネルギーを運動エネルギーに換える装置である。

30 C

　電力＝P ワット、電圧＝Vボルト、電流＝Iアンペアとすると、$P = VI$ が成り立つ。よって問題の条件より、1000〔W〕＝100〔V〕× I〔I〕アンペアが成り立つ。使用中のドライヤーに流れる電流の値は、I＝1000÷100＝10アンペアである。

6 化学

ここをチェック!

◆元素の性質、燃焼、気体の性質、酸・塩基、酸化・還元は出題率が高いので要チェック

◆用語の意味を正しく理解する

1 「化学反応の前後において、物質全体の質量は変わらない」という法則を質量保存の法則という。この法則を提唱（発見）した人物を次の中から一人選びなさい。

A ボイル　　　B ラボアジエ　　　C プルースト

D ドルトン　　　E アボガドロ

2 酸素と化合しているある物質が、酸素を失う化学変化を何というか、次の中から一つ選びなさい。

A 酸化　　　B 還元　　　C 電離

D イオン化　　　E 酸欠

3 熱や光を出しながら激しく進む酸化のことを何というか、次の中から一つ選びなさい。

A 爆発　　　B 還元　　　C 燃焼

D 化合　　　E 炎上

解答＆解説

1 B

　質量保存の法則は、1774年、フランスの化学者ラボアジエが元素の概念とともに提唱した。Aのボイル（イギリス）は、17世紀、「元素はいかなる方法によってもそれ以上単純なものに分けられない物質である」と定義した。Cのプルースト（フランス）は、1799年、「化合物中の成分元素の質量比は常に一定である」という定比例の法則を提唱した。Dのドルトン（イギリス）は、1803年、「二つの元素が化合して、2種類以上の化合物をつくるとき、一方の元素の一定質量と化合する他の元素の質量の比は簡単な整数比になる」という倍数比例の法則を提唱した。Eのアボガドロ（イタリア）は、1811年、「同温、同圧のもとにおける気体の同体積中には、同数の分子が含まれる」というアボガドロの法則を提唱した。

2 B

　物質が酸素と化合した時、その物質は「酸化」されたという。また、酸化物が酸素を失った時、その物質は「還元」されたという。
　例えば、次のような化学反応式で表すことができる。
　酸化 $2Cu+O_2 \rightarrow 2CuO$（Cuが酸化された）
　還元 $CuO+H_2 \rightarrow Cu+H_2O$（CuOが還元された）
この他、物質が水素を失う変化を酸化、逆にある物質が水素と化合する変化を還元という。また、原子が電子を失う変化を酸化、原子が電子を受け取る変化を還元という。

3 C

　熱や光を出しながら激しく進む酸化は、燃焼である。例えば、マグネシウムリボンを加熱すると、熱・光を出して燃焼し、白色の酸化マグネシウムになる。これは、$2Mg+O_2 \rightarrow 2MgO$（＋熱・光）という反応式で表される。

6

化学

4 1種類の物質が2種類以上の別の物質に分かれる化学変化を何というか、次の中から一つ選びなさい。

A 沈殿　　B 化合　　C 分解

D イオン化　　E 分離

5 物質の構成についての説明として、誤っているものを、次の中から一つ選びなさい。

A 水素や酸素のように、1種類の元素だけでできている物質を単体という

B 黒鉛とダイヤモンドのように、同じ元素の単体でも性質の異なる物質を互いに同位体という

C 2種類以上の元素からできている物質を化合物という

D 純物質は、融点、沸点、密度などが一定の値となる

E 食塩水から水を取り出す方法の一つに蒸留がある

6 水素（H_2）の性質として正しくないものを、次の中から一つ選びなさい。

A 無色・無臭である

B すべての元素の中で、電気陰性度が最大である

C 最も軽い気体である

D 空気中でよく燃える

E 高温で強い還元作用を示す

7 特有の臭いがあり、淡青色で、成層圏で層を作り太陽からの紫外線をさえぎる気体は次のどれか。次の中から一つ選びなさい。

A 二酸化炭素　　B 一酸化炭素　　C メタンガス

D オゾン　　E 二酸化窒素

解答＆解説

4 C

　Cの「分解」には、加熱による分解（例：炭酸水素ナトリウムを加熱すると白い粉末の炭酸ナトリウムと水と二酸化炭素に分解される）や、電気エネルギーを利用して化学変化を起こす電気分解（例：水を電気分解すると水素と酸素になる）などがある。Bの「化合」は、分解の逆で、2種類以上の物質が結びつき、性質の違う別の1種類の物質ができること。Aの沈殿は、水溶液の中に生じた不溶性の固体のこと。Dのイオン化は、原子が電子を放出したり電子を受け取ったりして、原子が電荷をもつ粒子であるイオンになること。電子を放出した原子が陽イオン、電子を受け取った原子が陰イオンである。Eの分離は、ろ過、再結晶、蒸留などの操作により、混合物を純物質ごとに分けて取り出すことである。

5 B

　黒鉛とダイヤモンドや、酸素とオゾンのように、同じ元素からなる単体（1種類のみの元素からなる純物質）でも、その配列や結合のしかたが違い、物理的・化学的に性質の異なるものを互いに同素体という。同位体とは、陽子の数が同じであるが、中性子の数が違うために質量数が異なるものであり、これを互いに同位体であるという。

6 B

　Bに記載された電気陰性度とは、共有結合をつくっている原子が電子対を引きつける強さの尺度のことである。ボーリングが導いた値によると、すべての元素の中で電気陰性度が最大であるのはフッ素（F）であり、値は4.0である。酸素（O）の電気陰性度は3.5、塩素（Cl）と窒素（N）の電気陰性度は3.0。水素（H）の電気陰性度はずっと下がって2.1である。

7 D

　「オゾン」は、三つの酸素原子からなる酸素の同素体である。分子式はO_3で、折れ線型の構造を持つ。腐食性が高く、生臭い刺激臭を持つ有毒物質である。大気中にはごくわずかに存在している。大気の中で成層圏に存在するものはオゾン層と呼ばれ、生命に有害な紫外線が地上に降り注ぐ量を緩和している。しかし、地上付近に存在するオゾンは、光化学スモッグの際に生成し、大気汚染物質の一つである。

6

化学

8 「黄緑色で刺激臭があり、ヨウ化カリウムデンプン紙を青変させる」気体はどれか、次の中から一つ選びなさい。

A 水素　　B アンモニア　　C 塩素

D 二酸化硫黄　　E 二酸化炭素

9 二酸化炭素を得るためには、どの物質を反応させるのが適切か、次の中から一つ選びなさい。

A 銅と濃硝酸

B 水とカーバイド

C 石灰石と塩酸

D 塩酸と二酸化マンガン

E 食塩と濃硫酸

10 次の5種類の無色の液体のうち、フェノールフタレイン溶液を加えると赤色に変化するものはどれか、次の中から一つ選びなさい。

A 食塩水　　B 砂糖水　　C 薄い塩酸

D 水　　E 水酸化ナトリウム水溶液

11 上方置換法で集めるのが最も適切な気体はどれか、次の中から一つ選びなさい。

A アンモニア　　B 水素　　C 酸素

D 二酸化炭素　　E 塩素

解答 & 解説

8 C

「塩素」は水酸化ナトリウムを製造するために、食塩水を電気分解する過程で大量に発生する。強い漂白作用と殺菌作用を持つ。他の気体の特徴は次の通り。Aの「水素」は、気体の中で最も軽く、燃焼して水ができる。Bの「アンモニア」は、塩化水素によって白煙を生ずる。Dの「二酸化硫黄」は、刺激臭があり、大気汚染の原因の一つとされる。Eの「二酸化炭素」は、石灰水を白濁させ、地球温暖化の原因物質とされる。

9 C

二酸化炭素は、工業的には石灰石を強く熱して生産される。実験室レベルでは、石灰石に薄い塩酸を加えるか、炭酸水素ナトリウムを加熱することで得られる。Aの銅と濃硝酸の反応では二酸化窒素、Bの水とカーバイドからはアセチレン、Dの塩酸と二酸化マンガンからは塩素、Eの食塩（塩化ナトリウム）と濃硫酸からは塩化水素を得ることができる。

10 E

無色の液体にフェノールフタレイン溶液を加えると、アルカリ性の時は赤色に変化するが、中性・酸性の時は無色のままである。5種類の液体のうち、アルカリ性であるのは「水酸化ナトリウム水溶液」、酸性であるのは「薄い塩酸」、中性であるのは「食塩水」「砂糖水」「水」である。

11 A

気体の集め方には、水上置換法、上方置換法、下方置換法などがある。「アンモニア」は、水によく溶けるので、水上置換はできない。また、空気より軽いので、上方置換が適している。「水素」と「酸素」は水に溶けにくいので水上置換法、水に溶けて空気より重い「二酸化炭素」や「塩素」は下方置換法で集める。

12 亜鉛と希硫酸を反応させることで得られる気体はどれか、次の中から一つ選びなさい。

A 塩素　　B 酸素　　C 二酸化炭素

D 水素　　E アンモニア

13 物質の結合について正しく述べているものを、次の中から一つ選びなさい。

A 陽イオン同士、陰イオン同士が結びつく結合をイオン結合という

B イオン結合とは、価電子を持ち合うことで結びつく結合形態である

C イオン結合は、陽イオンと陰イオンの静電気的な引力による結合である

D 共有結合は、互いの原子を共有する結合形態である

E 互いの分子が価電子を共有することを共有結合という

14 炭素が完全燃焼してできる物質を次の中から一つ選びなさい。

A 水　　B 水素　　C 木炭　　D 酸素　　E 二酸化炭素

15 次の物質の組み合わせのうち、純物質のみであるものを一つ選びなさい。

A 酸素 ── 窒素 ── 空気

B 水酸化ナトリウム ── 海水 ── 鉄

C 黒鉛 ── 二酸化炭素 ── 水銀

D 酸素 ── 窒素 ── 塩酸

E ダイヤモンド ── アンモニア水 ── 水

解答＆解説

12 D

　Aの「塩素」は、酸化マンガンと濃塩酸を反応させる、またはさらし粉と塩酸を反応させることで得られる。Bの「酸素」は、塩素酸カリウムを熱分解、または過酸化水素を分解して得る。Cの「二酸化炭素」は、大理石と希塩酸を反応させる。Eの「アンモニア」は、塩化アンモニウムと水酸化カルシウムを加熱する。

13 C

　イオン結合とは、陽イオンと陰イオンが結びつく結合のことである。これは陽イオンと陰イオンの静電気的引力の結合であるのが特徴である。共有結合は、原子同士が互いの価電子を共有することで結合するもの。

14 E

　燃焼は熱や光を出しながら酸化が激しく進行することである。炭素（C）が完全燃焼すると酸素（O_2）と結びついて二酸化炭素（CO_2）となり、不完全燃焼では有害な一酸化炭素（CO）を生じる。

15 C

　純物質は、1種類の単体または化合物からなる物質をいう。Cの黒鉛と水銀は共に単体、二酸化炭素は化合物である。Aの空気は、窒素や酸素が混じり合った混合物である。Bの海水は、水に塩化ナトリウムなど、いろいろな物質が溶けた混合物である。Dの塩酸は、塩化水素を水に溶かしたもので、混合物である。Eは、ダイヤモンドと水は純物質だが、アンモニア水はアンモニアを水に溶かしたものなので、混合物である。

6

化学

16 18族元素の別名として正しいものを、次の中から一つ選びなさい。

A アルカリ金属

B アルカリ土類金属

C ハロゲン

D 希ガス

E 遷移元素

17 物質と、その化学式の組み合わせのうち、正しいものを次の中から一つ選びなさい。

A 硝酸 − NaCl

B 塩化カルシウム − H_2SO_4

C 水酸化ナトリウム − NH_3

D 塩化水素 − HCl

E アンモニア − NaOH

18 化学エネルギーを電気エネルギーに変換して、電流を取り出す装置を何というか、次の中から一つ選びなさい。

A 電解精錬   B 電気分解   C 鉛蓄電池

D 水力発電   E 太陽電池

19 ボーキサイトからアルミニウムを精錬するには加熱・融解するが、その時加える物質はどれか、次の中から一つ選びなさい。

A ミョウバン   B 亜鉛   C 濃硝酸

D 水晶   E 氷晶石

解答＆解説

16 D

18族元素の単体は、空気中にわずかに含まれている気体であることから「希ガス」と呼ばれる。原子の状態で化学的に安定であり、空気中では単原子分子として存在する。Aのアルカリ金属は、水素を除く1族元素のことである。Bのアルカリ土類金属は、ベリリウムとマグネシウムを除く2族元素のことである。Cのハロゲンは17族元素のことである。Eの遷移元素は、3族〜11族に属する元素のことであり、すべて金属元素である。

17 D

化学式とは、物質を元素の記号と数字を使って表した式である。化学式から、物質を作っている元素の種類がわかる。ここでは、Dの塩化水素の化学式はHClなので正しい。Aの硝酸はHNO_3、Bの塩化カルシウムは$CaCl_2$、Cの水酸化ナトリウムは$NaOH$、EのアンモニアはNH_3である。

18 C

「鉛蓄電池」は、イオン化傾向の異なる2種類の金属を電解質水溶液に浸したものである。イオン化傾向の大きいほうの金属を負極、小さいほうの金属を正極といい、負極では金属がイオン化して電子を放出し、正極ではこの電子を受け取る反応が起こる。電池には、ダニエル電池、乾電池、酸化銀電池などがある。Bの「電気分解」は、電気エネルギーを利用して化学変化を起こすことである。Aの「電解精錬」は、電気分解の一種。Dの「水力発電」は、位置エネルギーを運動エネルギーに変換して電気エネルギーを取り出す装置。Eの「太陽電池」は、光エネルギーを直接電気エネルギーに変換するものである。

19 E

電解質の固体を加熱・融解して液体にし、それを電気分解する方法を、融解塩電解という。主に、ナトリウムやアルミニウムなど、イオン化傾向が非常に大きい金属の精製に用いられる。ボーキサイトから得た酸化アルミニウムを融点の低いアルミニウム塩である「氷晶石」を加えて加熱・融解し、両極に炭素を用いて電気分解すると、陰極で融解したアルミニウムが得られる。

6

化学

20 銅の特徴について正しいものを、次の中から一つ選びなさい。

A 銅は熱や電気の伝導性が高いので、電線、調理器具などに使われる

B 銅はその特徴から、合金として用いられることはほとんどない

C 銅はイオン化傾向が水素よりも大きい

D 銅のさびを黒青という

E 他の金属と比較して、密度の小さい固い金属である

21 使い捨てカイロの発熱は、鉄粉のどの作用を利用したものか、次の中から一つ選びなさい。

A 電磁　　B 摩擦　　C 還元

D 酸化　　E 燃焼

22 ペットボトルの原料はどれか、次の中から一つ選びなさい。

A ポリエチレンテレフタラート

B ポリ塩化ビニル

C 炭素繊維

D 吸水性ポリマー

E ポリエチレンナフタレート

23 500ミリリットルの容器に0.1モルの酸素と0.4モルの窒素の混合気体が入っている。温度が27℃のとき、この容器の中の気圧は何Pa（パスカル）か。次の中から一つ選びなさい。ただし、気体定数を8.31×10^3とする。

A $2.2 \times 10^5 Pa$　　B $4.9 \times 10^5 Pa$　　C 1.97×10^6

D 2.5×10^6　　E 4.92×10^6

解答＆解説

20 A

　銅は電気や熱の伝導性が高く、密度の大きい、比較的展性・延性もある金属である。この特徴を生かして電線や調理器具として用いられる。したがってEは誤りである。Cは「イオン化傾向は水素よりも小さい」ので誤り。Bは、青銅や黄銅といった合金として使われることもあるので誤り。Dの銅のさびは「緑青（ろくしょう）」といい、古い10円硬貨や銅像などに緑色のさびが付着しているもの。

21 D

　使い捨てカイロは、1978年に初めて登場した。不織布や紙の袋に鉄粉を入れたものが一般的である。通常、触媒として塩や水なども入れられ、鉄が空気中の酸素で酸化されるときに熱を発生することを利用している。

22 A

　ペットボトルの「ペット（PET）」は、「ポリ」「エチレン」「テレフタラート」のそれぞれの英単語の頭文字である「P」「E」「T」をつなげたものである。ペットボトルは、日本では1977年にしょうゆの容器として初めて使用され、1982年に飲料用に使用することが認められて以来、一般的に使われるようになった。原料の「ポリエチレンテレフタラート」は、エチレングリコールとテレフタル酸の縮合重合により作られ、エステル結合の連なるポリエステルである。

　Bの「ポリ塩化ビニル」はプラスチック（合成樹脂）の一種。Cの「炭素繊維」は、成分の大部分が炭素でできているもので、弾性に富み、熱に強い。釣りざおやテニスラケットなどに使用されている。Dの「吸水性ポリマー」は、高分子吸収体のことで、自らの重さの数百倍もの水を吸収できる。

23 D

　気体の状態方程式　$PV = nRT$において、Pは圧力、V（体積）＝0.5リットル、n（モル数）＝0.1モル＋0.4モル＝0.5モル、R（気体定数）＝8.31×10^3、T（絶対温度）＝27＋273K（ケルビン）なので、次の式が成り立つ。

　$P \times 0.5 = 0.5 \times 8.31 \times 10^3 \times 300$

　$P = 2.49 \times 10^6 \rightarrow 2.5 \times 10^6$Pa　となる。

24 次の原子の構造についての説明のうち、正しいものを次の中から一つ選びなさい。

A 陽子、中性子、電子はそれぞれ同じ質量である

B 同じ元素の原子で互いに質量数が異なるものを、同素体という

C 価電子の数とは、その原子がもつ電子の数の合計である

D 陰イオンは、原子が電子を放出したものである

E 1モル（mol）とは、原子または分子を6.02×10^{23}個集めた量である

25 次の元素の性質についての説明のうち、正しいものを次の中から一つ選びなさい。

A 典型元素は、すべて金属元素である

B 遷移元素の最外殻の電子の数は、すべて3個である

C 1族元素は、すべてアルカリ金属元素である

D 17族元素は、すべてハロゲンである

E 18族元素の最外殻の電子の数は、すべて同じである

26 次の化学結合の説明について、正しいものを次の中から一つ選びなさい。

A 共有結合は、各原子のすべての電子を互いに共有する結合である

B イオン結合は、陽イオン同士、または陰イオン同士で結合するものである

C 金属結合は、価電子が自由電子として各金属原子間を移動している状態のことである

D 分子間力は、化学結合の中では最も結合力が大きい

E 分子間力による分子結晶は、常温で固体のものが多い

解答 & 解説

24 E

Eが正しい。原子または分子を1モル集めた質量は、原子量または分子量に「g（グラム）」をつけて表す量である。

陽子と中性子の質量は、ほぼ同じであるが、電子の質量は陽子の$\frac{1}{1840}$であるので、Aは誤り。同じ元素の原子で互いに質量数が異なるものは、互いに「同位体」であるので、Bは誤り。価電子の数は、その原子の最外殻（一番外側にある電子軌道）を回っている電子の数である。すべての電子の数ではないので、Cは誤り。陰イオンは、原子が電子を受け取ったものであるので、Dは誤り。

25 D

Dが正しい。17族元素はすべてハロゲンと呼ばれる。

典型元素には、非金属元素と金属元素の双方が含まれるので、Aは誤り。すべてが金属元素なのは、遷移元素である。遷移元素の最外殻の電子の数は、2個または1個であるので、Bは誤り。1族元素のうち、水素は非金属元素であり、その他の1族元素がアルカリ金属であるので、Cは誤り。18族元素の最外殻の電子の数は、ヘリウムのみ2個で、その他は8個である。すべて同じではないので、Eは誤り。

26 C

Cが正しい。金属光沢があること、熱・電気の良導体であること、展性・延性をもつことは、金属結合による金属の性質である。

共有結合は、各原子のいくつかの価電子を互いに共有する結合であるので、Aは誤り。イオン結合は、陽イオンと陰イオンが電気的に引き合う結合であるので、Bは誤り。分子間力は化学結合の中では最も結合力が小さいので、Dは誤り。分子間力による分子結晶は、常温で気体・液体であるものが多いので、Eは誤り。

27 次の酸化・還元についての説明のうち、正しいものを次の中から一つ選びなさい。

A 酸化とは電子を放出する反応であり、還元とは電子を得る反応である

B アルミニウムと銅では、銅の方がイオン化傾向が大きい

C 常温の希塩酸に銀を入れると、水素が発生する

D 電池の電極に亜鉛とニッケルを使用する場合、亜鉛が正極（＋極）、ニッケルが負極（－極）になる

E 水を電気分解する場合、正極（＋極）から水素が発生する

28 次の酸・塩基についての説明のうち、正しいものを次の中から一つ選びなさい。

A 酸は水に溶けて水酸化物イオンを生じる物質であり、塩基は水に溶けて水素イオンを生じる物質である

B リン酸は3価の酸である

C 水酸化ナトリウムは2価の塩基である

D 酢酸は強酸である

E 水酸化バリウムは弱塩基である

29 次の気体の性質についての説明のうち、正しいものを次の中から一つ選びなさい。

A ボイルの法則によると、気体の圧力が一定のとき、気体の体積は気体の絶対温度に比例する

B シャルルの法則によると、気体の絶対温度が一定のとき、気体の体積は気体の圧力に反比例する

C アボガドロの法則によると、同温・同圧の気体には、気体の種類に関係なく、同数の気体分子が含まれている

D アンモニアを捕集するには、水上置換法を用いる

E 二酸化炭素を捕集する場合には、上方置換法を用いる

解答 & 解説

27 A

Aが正しい。

アルミニウムと銅では、アルミニウムの方がイオン化傾向が大きいので、Bは誤り。常温の希塩酸に銀を入れても、何も反応は起こらないので、Cは誤り。電池の電極に亜鉛とニッケルを使用する場合、イオン化傾向が大きい亜鉛が負極（－極）になり、イオン化傾向が小さいニッケルが正極（＋極）になるので、Dは誤り。水を電気分解する場合、正極（＋極）で酸化反応が起きるので、酸素が発生する。負極（－極）では還元反応が起きるので、水素が発生する。よって、Eは誤り。

28 B

Bが正しい。リン酸（H_3PO_4）1モルは水に溶けて3モルの水素イオン（H^+）ができるので、3価の酸である。

酸は水に溶けて水素イオン（H^+）を生じる物質であり、塩基は水に溶けて水酸化物イオン（OH^-）を生じる物質であるので、Aは誤り。水酸化ナトリウムは1価の塩基であるので、Cは誤り。酢酸は弱酸である（水に溶けたとき、電離度が1よりもはるかに小さい）。電離度が1に近い酸が強酸であり、電離度が1に近い塩基が強塩基である。よって、Dは誤り。水酸化バリウムは電離度が1に近いので、強塩基である。よって、Eは誤り。

29 C

Cが正しい。

ボイルの法則とは、温度が一定のとき、気体の体積は気体の圧力に反比例することを表しているので、Aは誤り。シャルルの法則は、気体の圧力が一定のとき、気体の体積は気体の絶対温度に比例することを表しているので、Bは誤り。アンモニアを捕集するには、水に溶けやすく空気よりも軽いので、上方置換法を用いるため、Dは誤り。二酸化炭素を捕集する場合には、水に少し溶け空気よりも重いので、下方置換法、または水上置換法を用いるため、Eは誤り。

6

化学

30 次の反応のうち、酸化還元反応を示すものはどれか、次の中から一つ選びなさい。

A $AgNO_3 + KCl \rightarrow AgCl + KNO_3$

B $2KI + Cl_2 \rightarrow 2KCl + I_2$

C $CuO + H_2SO_4 \rightarrow CuSO_4 + H_2O$

D $BaCl_2 + H_2SO_4 \rightarrow BaSO_4 + 2HCl$

E $SO_3 + H_2O \rightarrow H_2SO_4$

31 1～4は気体の性質に関する記述である。この記述のうち正しいものはどれか、A～Eの中から一つ選びなさい。

1 水素は、空気よりも軽く、においはなく可燃性もない

2 塩素は、空気よりも重く、刺激臭があり、水に少し溶ける

3 アンモニアは、刺激臭があり、水に非常に溶けやすく空気よりも軽い

4 塩化水素は、刺激臭があり、空気よりも軽く水に溶けない

A 1のみ

B 2のみ

C 3のみ

D 4のみ

E 2と3

32 2価の酸0.3gを中和するのに0.1mol/Lの水酸化ナトリウム水溶液40mLを要した。この酸の分子量として正しいものを、次の中から一つ選びなさい。

A 50

B 100

C 150

D 200

E 250

解答＆解説

30 B

A 酸化数を調べると、Ag；$(+1) \to (+1)$、K；$(+1) \to (+1)$、Cl；$(-1) \to (-1)$ となり、酸化数に変化はない（酸化還元反応ではない）。よって、誤り。

B 正しい。I；$(-1) \to (0)$、Cl；$(0) \to (-1)$ よって、酸化還元反応である。

C Cu；$(+2) \to (+2)$、O；$(-2) \to (-2)$、H；$(+1) \to (+1)$ となり、酸化数に変化はない。よって、誤り。

D Ba；$(+2) \to (+2)$、Cl；$(-1) \to (-1)$、H；$(+1) \to (+1)$ となり、酸化数に変化はない。よって、誤り。

E S；$(+6) \to (+6)$、O；$(-2) \to (-2)$、H；$(+1) \to (+1)$ となり、酸化数に変化はない。よって、誤り。

31 E

　水素は、可燃性があるので1は誤り。2と3は正しい。4の塩化水素は、空気よりも重く、水に非常によく溶けるので、4は誤り。よって、Eが正しい。

32 C

　水酸化ナトリウム（NaOH）は1価の塩基である。酸の分子量をMとすると、中和の公式（酸の価数×酸の物質量〔mol〕＝塩基の価数×塩基の物質量〔mol〕）より、以下の式が成り立つ。

$$2 \times \frac{0.3}{M} = 1 \times 0.1 \text{〔mol/L〕} \times \frac{40}{1000} \text{〔L〕} \qquad \therefore M = 150$$

6

化学

7 地 学

ここをチェック! ◆地球の構造、地震、気象に関する分野を要チェック。
◆太陽系の天体や恒星の特徴など、宇宙に関する分野も確認しておく。

1 岩石は、大きく火成岩、堆積岩、変成岩に分けることができるが、このうち火成岩に分類されるものを、次の中から一つ選びなさい。

A ホルンフェルス　　B 安山岩　　C 黒雲母片岩

D 琥珀　　E 凝灰岩

2 初期微動を起こす地震波はP波であるが、主要動を起こす地震波は何というか、次の中から一つ選びなさい。

A S波　　B L波　　C N波

D EW波　　E V波

3 地球の内部構造において、液体の層はどれか。次の中から一つ選びなさい。

A 地殻　　B 上部マントル　　C 下部マントル

D 外核　　E 内核

4 花こう岩についての説明として誤っているものを、次の中から一つ選びなさい。

A 火成岩の一種である。

B 主成分は石英と長石である。

C 黒雲母が含まれている。

D 御影石とも呼ばれる。

E 古生代から中生代の貝類などの化石が見られることが多い。

解答＆解説

1 B

　火成岩は、マグマが冷えて固まってできた岩石である。マグマが急激に冷えてできた火山岩と、マグマがゆっくり冷えて固まった深成岩に大別できる。Bの安山岩は、火山岩に属する。アンデス山脈の火山岩につけられた「andesite」に由来する。安山岩には、角閃石安山岩、輝石安山岩、カンラン石安山岩などさまざまな種類があり、石垣や石壁、砕石（砂利）などに使われる。Aのホルンフェルス、Cの黒雲母片岩は変成岩、Dの琥珀（こはく）は植物の樹脂が化石化したもの、Eの凝灰岩は堆積岩に分類される。

2 A

　地震の主要動を起こす波はS波といわれる。P波は縦波のため、気体・液体・固体中を伝わる。また、S波は横波のため、固体中のみを伝わる。地表付近の岩石中を伝わる速さは、P波ではおよそ5〜7km/秒、S波ではおよそ3〜4km/秒である。P波が到着してからS波が到着するまでの時間を初期微動継続時間といい、一般に初期微動継続時間は震源からの距離に比例する。

3 D

　Dの外核は高温で液体の金属の層であり、地球の内部構造では唯一液体の層である。Aの地殻は常温で固体の岩石の層。Bの上部マントルとCの下部マントルは共に高温で固体の岩石の層である。マントルは固体であるが、ゆっくりと対流している。Eの内核は高温で固体の金属の層である。

4 E

　花こう岩は火成岩の一種で、全体に白っぽく、その中に黒雲母の小さな斑点が数多く見られる。昔から兵庫県の御影町で産出されており、御影石の別名でも知られている。壁材や墓石として利用されている。Eのような化石が見られることが多い岩石は、堆積岩の一種で、生物の遺骸が集まってできた石灰岩や、石灰岩が変成した大理石である。

7

地学

5 地表から20 ～ 30kmの高さにあって、太陽からの紫外線を吸収し、地表の生命活動を保護しているものを、次の中から一つ選びなさい。

A 熱圏　　B 中間圏　　C 成層圏

D 電離層　　E オゾン層

6 地層が堆積した年代を推定する手掛かりとなる化石を何というか、次の中から一つ選びなさい。

A 位相化石　　B 示準化石　　C 示相化石

D 堆積化石　　E 解析化石

7 次のうち代表的な示準化石はどれか、次の中から一つ選びなさい。

A アンモナイト　　B サンゴ　　C シジミ

D カキ　　E ホタテガイ

8 日本の天気図において大気の圧力（気圧）の単位として現在用いられているものはどれか。次の中から一つ選びなさい。

A ミリバール　　B ヘクトパスカル　　C トル

D アトム　　E キロパスカル

解答＆解説

5 E

オゾン層は、大気の成層圏中、地上から20〜30kmのオゾン濃度の比較的高い層で、生物に有害な紫外線を吸収する。冷蔵庫やクーラーなどの冷媒、プリント基板の洗浄剤として使用されてきたフロンなどの塩素を含む化学物質が大量に大気中に排出されたことで、成層圏でオゾン層の破壊を進める塩素原子が増加し、問題になっている。オゾン層の破壊が進むと、皮膚がんや結膜炎の増加が懸念される。

6 B

化石は生物の遺骸や生活の跡（足跡・巣穴）が地中に埋もれて残されたものである。このうち、地層が堆積した時代を推定する手掛かりとなる化石を示準化石といい、サンヨウチュウ（古生代）、アンモナイト（中生代）などがその例。なお、地層が堆積した当時の環境を推定する手掛かりとなる化石を示相化石という。アサリ・サンゴ（暖かく浅い海）、ホタテガイ（沖合）などがその例である。

7 A

地層に含まれている化石から、その地層が堆積した時代や、当時の自然環境を推定できることが多い。6の解説でも触れた通り、地層が堆積した時代を推定する手掛かりとなる示準化石の代表的なものとしては、Aの「アンモナイト」（約1.5億年前）や、サンヨウチュウ（約5.5億年前）などが挙げられる。一方、示相化石は、地層が堆積した当時の自然環境（水陸分布や気候など）を推定する手掛かりとなる化石で、Bの「サンゴ」は暖かく浅い海、Cの「シジミ」は湖や河口付近、Dの「カキ」は海岸近くや浅い海、Eの「ホタテガイ」は沖合の自然環境を推定できる。

8 B

気圧の単位は、日本ではミリバールが長く使用されてきたが、1992年にヘクトパスカルに変更された。1気圧はおよそ1013ヘクトパスカル（hPa）である。1パスカルは、1m²につき1ニュートンの力が作用する圧力と定義され、1ヘクトパスカルはその100倍の圧力である。パスカルは、「パスカルの原理」に名をとどめる17世紀のフランスの哲学者・物理学者にちなむものである。Aのミリバール、Cのトル、Dのアトム、Eのキロパスカルも、それぞれ気圧を表す単位である。

7

地学

115

9 地球の自転軸は、太陽系の軌道面に対して傾いている。このことによって起こる地球上の現象として正しいものを、次の中から一つ選びなさい。

A オーロラ　　B 潮の満ち引き　　C 大陸プレートの移動

D 白夜　　E エルニーニョ現象

10 停滞前線にあたるものを、次の中から一つ選びなさい。

A 温暖前線　　B 秋雨前線　　C 閉塞前線

D 寒冷前線　　E 桜前線

11 気圧についての説明として正しいものを、次の中から一つ選びなさい。

A 高気圧の区域では、ほぼ無風状態になる

B 低気圧の区域では、風は中心から周辺に向かって吹く

C 高気圧の中心付近では、下降気流ができる

D 等圧線とは風の向きを表したものである

E 等圧線の間隔で気温差がはっきりとわかる

12 ペルー沖の海水温が異常に高くなる現象を何というか、次の中から一つ選びなさい。

A 水温躍層現象

B ラニーニャ現象

C エルニーニョ現象

D コリオリ

E 黒潮

解答＆解説

9 D

　地球は太陽の周りを1年かけて回っている（公転）が、自転軸が軌道面に対して約23.43度傾いていることにより、白夜（一日中日が沈まない）という現象が起こる。季節の変化も同様である。Aのオーロラは太陽の帯電粒子による現象、Bの潮の満ち引きは主に月の引力によるもの、Cの大陸プレートの移動とEのエルニーニョ現象も自転軸が軌道面に対して傾いていることには起因しない。

10 B

　気温や湿度などが一様な性質を持つ大きな空気の塊を気団という。性質の異なる気団が接する境界線を前線面といい、前線面と地表面の交線を前線という。前線のうち、暖かい気団と冷たい気団の勢力が等しく、ほとんど動かない状態を停滞前線といい、前線付近では長く雨が降り続く。Bの「秋雨前線」の他、梅雨前線などがその代表例である。

　Aの「温暖前線」は、暖気が寒気に向かって進む時にできる前線。Cの「閉塞前線」は、温暖前線の後ろから、寒冷前線が追いついた状態。Dの「寒冷前線」は、寒気が暖気に向かって進む時にできる前線。Eの「桜前線」は、各地の桜の開花予想日を結んだ線のことで、気象用語とは異なる。

11 C

　天気図で周辺よりも気圧が高いところが高気圧、低いところが低気圧と呼ばれている。高気圧では中心から周辺に向かって風が吹き、中心付近では下降気流が起こる。低気圧では周辺から中心に向かって風が吹き、中心付近では上昇気流が起きる。等圧線は気圧の同じところを線で結んだもので、等圧線の間隔が狭いと気圧傾度が大きいので、強い風が吹く。

12 C

　エルニーニョとは、「幼子キリスト」の意味。温かい海水域が通常よりも東に移動するため、大気の循環パターンも変化する。その影響は赤道付近だけにとどまらず、世界各地に異常気象をもたらすことで知られる。逆に、ペルー沖の海水温が通常より低くなる現象をラニーニャ現象という。

7

地学

117

13 熱帯低気圧のうち、インド洋に発生するものを何と呼ぶか、次の中から一つ選びなさい。

A ハリケーン　　B タイフーン　　C サイクロン

D フェーン現象　　E モンスーン

14 湿った空気が山肌に当たり、山を越えて下降気流になるとき、暖かく乾いた風となって地上付近の気温が上がる現象を何というか、次の中から一つ選びなさい。

A エルニーニョ現象　　B 春一番　　C つむじ風

D フェーン現象　　E ラニーニャ現象

15 空欄を補うのに適切な語を、次の中から一つ選びなさい。

台風は、風や雨のほかにもさまざまな災害の要因を伴うが、なかでも海面が異常に上昇する（　　　　）には十分な注意が必要である。

A 満潮　　B 大潮　　C 高潮

D 渦潮　　E 津波

13 C

　熱帯低気圧のうち、わが国で「台風」と呼ぶものは、北太平洋の経度180度以西に発生し、中心の最大風速が17.2m/s以上になったものをいう。北太平洋東部や大西洋で発生したものはAの「ハリケーン」、インド洋で発生したものはCの「サイクロン」と呼ばれる。台風は低緯度の海上で大量の潜熱を持った水蒸気をエネルギー源として発生し、北太平洋高気圧の縁に沿いながら北上する。台風は上陸したり、水温の低い海域に達すると、水蒸気によるエネルギーの供給が絶たれるために衰弱する。

14 D

　フェーン現象は、山地の多い日本ではしばしば起きる。冬、季節風によって、日本海側で雪や雨を降らせた後、山を越えて太平洋側に乾いた空気が流れこむのは、一種のフェーン現象である。2007年8月、多治見市と熊谷市で40.9℃の最高気温が観測されたが、これもフェーン現象によるものであるとされる。

　Aは、南米ペルー沖の沿岸で海水温が上昇する現象で、世界中に異常気象をもたらす。Bは、立春から春分の間に、初めて吹く南寄りの強風のこと。Cは、陸上に生じる、小規模な渦巻き状の風。Eは、エルニーニョ現象とは逆に、海水温が低下する現象。

15 C

　「高潮」とは、月や太陽による潮汐以外の要因によって、海面が異常に上昇する現象のことをいう。台風などの、発達した低気圧に伴う海面の吸い上げ効果は、強風による海水の吹き寄せなどによって生じる。満潮と台風の接近が重なるような場合には、特に注意が必要となる。

　Aの「満潮」は、潮が満ちて、海水面が最も高くなる現象のことで、通常1日2回起こる。Bの「大潮」は、最も潮の干満の差が大きいこと（またはその日）で、満月や新月の2、3日後に起こる。Dの「渦潮」は、渦を巻いている水流のこと。紀伊水道などでよく見られる。Eの「津波」は、地震や海底火山の噴火などによって生じる、非常に波長の長い波のこと。

7

地学

16 次の（1）から（5）のエネルギー資源のうち、化石燃料ではないものの組み合わせで正しいものを、次の中から一つ選びなさい。

（1）木炭　（2）原油　（3）ウラン　（4）天然ガス　（5）石炭

A（1）・（3）　B（1）・（4）　C（1）・（5）

D（3）・（4）　E（3）・（5）

17 太陽のように自ら光を発して輝いている天体を何というか、次の中から一つ選びなさい。

A 彗星　B 惑星　C 北極星

D ブラックホール　E 恒星

18 恒星はさまざまな色を示すが、その色を決定する要素は次のうちどれか、次の中から一つ選びなさい。

A 観測する時間　B 地球からの距離　C 大きさ

D 形成成分　E 表面温度

19 太陽・地球・月がこの順に一直線上に並んだときに起きる現象を何というか、次の中から一つ選びなさい。

A 日食　B 夏至　C 春分

D 月食　E オーロラ

解答＆解説

16 A

化石燃料とは、長い年月をかけて堆積した動植物の死骸が、地中で地熱や地圧などによって変成されてできた有機質の化石のうち、人間の経済活動において燃料として用いられるものをいう。化石燃料に該当するのは（2）原油、（4）天然ガス、（5）石炭であり、正解は（1）木炭・（3）ウランの組み合わせである。

17 E

恒星とは、水素やヘリウムの核融合エネルギーにより、自ら輝く天体のことである。恒星の見かけの明るさは、等級で表される。太陽以外の恒星は、地球から数光年以上の距離にあるため、地球からのみかけの位置はほとんど不変であり、「位置が恒（つね）に同じ星」という意味で恒星と呼ばれる。Bの「惑星」は、太陽の周りを公転している天体のことで、太陽からの距離が短い順に、水星・金星・地球・火星・木星・土星・天王星・海王星となる。

18 E

ウィーンの法則によると、恒星の表面温度と恒星が最も強く放射する光の波長とは反比例するので、高温な恒星ほど短波長の青味がかった光、低温な恒星ほど長波長の赤味がかった光を放射する。表面温度の高いものから順に、青・青白・白・淡黄・黄・橙・赤となる。

19 D

太陽・地球・月がこの順に一直線上に並び、月が地球の影に入り、月の一部または全部が暗くなる現象を月食という。月の一部が影に入るものを部分月食、全部が入るものを皆既月食という。また、太陽・月・地球がこの順に一直線上に並び、月によって太陽が隠される現象を日食という。Bの「夏至」は、二十四節気の一つで、北半球では昼が最も長く、夜が最も短くなる。Cの「春分」も二十四節気の一つで、昼と夜の長さが等しくなる。Eの「オーロラ」は、北極や南極地方の上空に現れる、大気の発光現象。

20 同じ時刻に見える星座の位置が、毎日少しずつ変化する要因を、次の中から一つ選びなさい。

A 地球の自転　　B 地球の公転　　C 観測状況の違い

D 星の自転　　E 天球の公転

21 天体を観測する時、天球は1時間に何度ずつ回転するか、次の中から一つ選びなさい。

A 5度　　B 10度　　C 15度

D 20度　　E 30度

22 新月や満月の時には海水の干潮と満潮の差が最大になる。これを何というか、次の中から一つ選びなさい。

A 土用波　　B 高潮　　C 津波

D 大潮　　E フェーン現象

23 「地球上では、かつて一つの大陸であったものが長い時間をかけて分裂・移動し、現在見られる大陸の位置・形状になった」という大陸移動説を発表したのは誰か、次の中から一人選びなさい。

A モホロビチッチ　　B グーテンベルク　　C レーマン

D ウェゲナー　　E フーコー

解答＆解説

20 B

同じ時刻に見える星座の位置は、毎日約1度ずつ、1カ月で約30度ずつ東から西へ移動し、1年で元の位置に戻る。これは、地球の公転によって生じるみかけの動きである。地球の公転とは、地球が太陽の周りを回ることをいう。なお、星座などの天体の日周運動は、地球の自転によるものである。

21 C

太陽や星は、観測者を中心とした大きな球形の天井に張りついているようにみえる。この球形の天井を天球という。天球は実際には存在しないが、天体の位置を示したり、動きを考えたりするのに便利である。天球は、観測者と北極星を結ぶ直線を軸に、東から西へ1日に1回転している。つまり、天球は24時間に360度回転するので、1時間では15度回転する。

22 D

大潮は、実際には新月や満月の2、3日後に起こることが多い。Aの「土用波」は、南方に台風が存在する時、大きなうねりが太平洋岸に押し寄せる現象で、8～9月に見られる。Bの「高潮」は、台風や強い低気圧の影響で、海面が異常に上昇し、海水が陸地にまで達する現象。台風などでは中心部の気圧が低いので、海水が吸い上げられるために生じる。Cの「津波」は、地震の震源が海底にある時、海底が急激に変形し、その上の海水が上下に大きく震動することで生じる。Eの「フェーン現象」は、高温の風が山を越えて平地に吹き降ろす現象のこと。空気が山腹を上る時は、冷却して雨を降らし、下るときは温度が上がって乾燥する。

23 D

大陸移動説は、ドイツの気象学者ウェゲナー（1880～1930年）が1912年に初めて提唱し、1915年に出版された著書『大陸と海洋の起源』の中で発表した学説である。Aのモホロビチッチはクロアチアの地震学者・気象学者。Bのグーテンベルクはアメリカの地震学者。Cのレーマンはデンマークの地震学者。Eのフーコーはフランスの物理学者であり、1851年に「フーコーの振り子」の実験を行い、地球が自転していることを証明した。

7

地学

24 地球の内部構造に関する記述として正しいものはどれか、次の中から一つ選びなさい。

A 外核は、液体であるため、地震波のP波は伝わらない

B マントルは、固体であるため、地震波のP波もS波も通さない

C 大陸地殻は、厚さ約30km～約60kmであり、主に上部は玄武岩、下部は花こう岩からなる

D 地球内部の核は、外核と内核に分けられ、外核は液体で内核は固体である

E 海洋地殻は、厚さ約5km～約10kmであり、主に花こう岩からなる

25 大気の層構造に関する記述として、正しいものはどれか。一つ選びなさい。

A 対流圏は、地表からの高さ約11km～約50kmの範囲にあり、上空ほど高温なため、空気の対流がほとんど起こらず、他の範囲に比べてオゾンが多く含まれる

B 成層圏は、地表から約11kmの範囲にあり、約100m上昇するごとに約0.65度下がり、また空気の対流が活発なため、雲の発生や降水などの気象現象が起こる

C 中間圏は、地表から約50km～約80kmの範囲にあり、気温は高さとともに低下するが、気温減少の割合は対流圏よりも小さい

D 熱圏は、地表から約500km～地球半径の数倍の範囲にあり、放射能の強いバン・アレン帯を含んでいる

E 外気圏は、地表から約80km～約500kmの範囲にあり、電離層がある。電離層では、中波・短波をそれぞれ反射するE層、F層が存在する。またオーロラが現れる

26 地震に関する次の記述のうち正しいものはどれか、次の中から一つ選びなさい。

A P波は縦波であり、音波のように波の進行方向に対し垂直に振動するが、S波は横波であり、波の進行方向に振動する

B わが国においては、震度はゆれの大きさに応じて、0から7までの8段階に分けられている

C マグニチュード7の地震が放出する波動のエネルギーは、マグニチュード6の地震の約10倍である

D 震度の大きさは地盤の古さによっても影響を受ける。一般的には、震源から同じ距離にある地点であっても、古い地盤のほうが震度は大きい

E プレート・テクトニクスの考えによると、海洋プレートが大陸プレートの下に潜り込むことによって地震が起こるとされている

解答&解説

24 D

　P波は、外核に入るとき屈折はするが通過する。外核に伝わらないのは地震波のS波である。よって、Aは誤り。マントルは、地殻の下にある固体の層で、地震波のP波、S波どちらも通す。よって、Bは誤り。大陸地殻は、主に上部は花こう岩で、下部は玄武岩からなる。よって、Cは誤り。Dは正しい。海洋地殻は、主に玄武岩からなる。よって、Eは誤り。

25 C

　Aは成層圏についての記述であるため、誤り。Bは対流圏についての記述であるため、誤り。Cは正しい。Dは外気圏についての記述であるため、誤り。Eは熱圏についての記述であるため、誤り。

26 E

　P波は縦波であり波の進行方向に振動し、S波は横波であり、波の進行方向に対し垂直方向に振動する。よって、Aは誤り。震度0から7までの10段階（0、1、2、3、4、5弱、5強、6弱、6強、7）である。よって、Bは誤り。マグニチュードが1大きくなると、地震エネルギーは約32倍大きくなる。よって、Cは誤り。軟らかい地盤のほうが震度は大きくなり、逆に固い地盤の方が震度は小さくなる。よって、Dは誤り。Eは正しい。

7

地学

27 太陽系の惑星に関する次の記述のうち、正しいものはどれか、次の中から一つ選びなさい。

A 水星は太陽に最も近い軌道上を公転しており、CO_2を主成分とする大気が存在する。また、昼夜の表面温度差が大きいのも特徴の1つである

B 金星は最も明るい惑星であり、明けの明星・宵の明星として親しまれている。また、大気は存在せず、自転の向きは公転方向と同じ向きである

C 火星は地球と似たところが多い惑星であり、昼夜と四季の変化が見られる。また、CO_2を主成分とする大気が存在する

D 木星は太陽系内の惑星中、最小の平均密度をもち、表面温度は約−175℃と低温である。また、7つの環（リング）をもち、H_2やHeを主成分とする大気が存在する

E 土星は太陽系内で最大の惑星であり、H_2やHeを主成分とする大気が存在する。大気中には、巨大な雲の渦巻（大赤斑）が存在する。

28 地球の自転と公転に関する記述として誤っているものを、次の中から一つ選びなさい。

A 地球は、地軸を中心として、反時計回りに地球の公転方向と同じ向きに自転している

B フーコーの振り子の振動面を上から見ると、北半球では時計回りに、南半球では反時計回りに回転して見え、この現象は地球の自転の証拠となっている

C 地球の自転によって、太陽などの恒星が東から西に移動し約1日で元の位置にもどる日周運動や、北半球の低気圧に吹き込む風が反時計回りの渦となる現象が起こる

D 同じ時刻に同じ方向を眺めていても、季節によって見える星座が異なるのは、地球の自転軸が公転軸に対して傾いているために、星座の南中高度が変わるからである

E 年周光行差とは、恒星から届く光の方向が真の方向よりも斜め前方から届くように見える現象をいい、この現象は地球の公転の証拠となっている

27 C

水星には大気はほとんど存在しないので、Aは誤り。金星にはCO_2を主成分とする大気が存在する。また、自転の向きは公転方向の逆向きであり、金星の特徴となっている。よって、Bは誤り。Cは正しい。Dは土星の説明である。よって、誤り。Eは木星の説明である。よって、誤り。

28 D

Dが誤り。季節によって同時刻の同じ方向に見える星座が異なるのは、地球の公転による現象である。地球が太陽の周りを公転するために、地球から見ると、太陽と反対側に見える星座が1年を周期として変わるからである。

7

地学

8 数 学

ここを
チェック!

◆暗算などの基本的な問題からn進法・図形問題
などの応用問題まで幅広く出題される
◆四則演算、分数、比、連立方程式などの基本
計算の復習をする
◆速さ、濃度、確率などの基本公式があるものは
しっかり押さえておく

1 容積が30kℓの水槽に水を入れるのに、はじめＡ管で４時間入れた後、Ｂ管
で３時間入れると満水になる。また、Ａ管で３時間入れた後Ｂ管で５時間入
れても満水になる。Ａ管とＢ管を同時に使って水を入れると、この水槽は何
時間何分で満水になるか、次の中から正しいものを一つ選びなさい。

A ２時間　　　B ２時間20分　　　C ３時間

D ３時間20分　　　E ３時間40分

2 14％の食塩水が x （ｇ）ある。この食塩水を100ｇ蒸発させたら24％の食
塩水になった。x の値は何gか。次の中から正しいものを一つ選びなさい。

A 120g　　　B 125g　　　C 130g

D 232g　　　E 240g

3 ある商品を原価の25％の利益を見込んで定価をつけ、定価から12400円値
引き販売したら、なお原価の５％の利益を得た。この商品の売価は何円か。
次の中から正しいものを一つ選びなさい。

A 41750円　　　B 45000円　　　C 51250 円

D 65100円　　　E 68000円

解答&解説

1 E

A管を x kℓ/時、B管を y kℓ/時とする。

$$\begin{cases} 4x+3y=30 \\ 3x+5y=30 \end{cases}$$

$$\begin{array}{r} 12x+9y=90 \\ -\underline{)\,12x+20y=120} \\ -11y=-30 \end{array} \qquad y=\frac{30}{11} \quad x=\frac{60}{11}$$

満水になるまでの時間をaとすると、

$$\frac{60}{11}a+\frac{30}{11}a=30 \qquad a=3\frac{2}{3}$$

∴3時間40分

2 E

はじめの食塩水の量は x (g) である。食塩の量は食塩水が蒸発しても変化しないので、次の計算式が成り立つ。

$$x\times 0.14=(x-100)\times 0.24$$
$$0.14x=0.24x-24$$
$$0.1x=24 \qquad x=240 \ (g)$$

3 D

原価を x として計算式を立てる。

定価 − 値引額 − 原価 = 利益
$$x\times(1+0.25)-12400-x=0.05x$$
$$1.25x-x-0.05x=12400$$
$$0.2x=12400$$
$$x=62000$$

この原価から売価を求める。

62000×(1+0.25)−12400=65100（円）

4 ある学生300人に雑誌P、Q、Rを購読している調査を行った。P誌を購読している者が230人、Q誌を購読している者が98人、R誌を購読している者が110人であった。3誌ともに購読している者が25人、3誌とも購読していない者が10人だった。

（1） P誌、Q誌の2誌だけを購読している者が42人のとき、R誌のみ購読している者は何人か、次の中から正しいものを一つ選びなさい。

A 17人　　B 22人　　C 24人　　D 29人　　E 33人

（2） Q誌のみ購読している者が21人と分かった。P誌のみ購読している者は何人か、次の中から正しいものを一つ選びなさい。

A 34人　　B 52人　　C 67人　　D 88人　　E 117人

解答&解説

4

(1) D

R誌のみ購読している者は図のCにあたる。

全体ー（P誌＋Q誌ーD・G）＝R誌のみ（C）＋3誌とも購読していない10

P、Q誌の2誌だけ購読しているD＝42、3誌ともに購読しているG＝25 から、

300ー（230＋98ー42ー25）＝C＋10

300ー261＝C＋10

C＝29（人）

(2) E

P誌のみ購読している者は図のAにあたる。

P誌全体230ー（D・G・E）＝P誌のみ（A）

D・Gはすでに42、25 と分かっているから、以下でEを計算する。

①Q誌のみ購読（B）の21人が分かったので、Fを計算する。

Q誌全体　98＝B＋D＋G＋Fから、

98＝21＋42＋25＋F

F＝10

②R誌全体110 からEを計算。

110＝C＋E＋G＋F

110＝29＋E＋25＋10

E＝46

③P誌全体230 からAを計算。

A＝230ー（D＋G＋E）

　＝230ー（42＋25＋46）

　＝117（人）

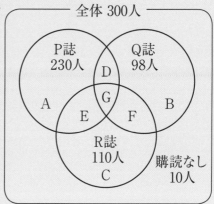

全体 300人

P誌 230人　Q誌 98人

D

G

A

E　F　B

R誌 110人　購読なし 10人

C

5 A、Bの2人が、周囲1800mある池の周りを回るのに、同時に同じ場所を出発して反対の方向に回ると、20分で出会い、同じ方向に回ると、60分でAとBが並んだ。A、Bそれぞれがこの池を1周するのにかかる時間の差は何分か。次の中から正しいものを一つ選びなさい。

A 30分　　B 35分　　C 40分　　D 45分　　E 50分

6 あるチームにA、B、C、Dの4人のテニス選手がいる。相手チームと戦うシングルスの4試合のため、この4人の試合に出場する順番を決めたい。Aを第1試合か第4試合にする選び方は何通りあるか。次の中から正しいものを選びなさい。

A 10通り　　B 12通り　　C 18通り　　D 26通り　　E 34通り

7 女子3人、男子2人の5人でリレーの順番を決める。男子が先頭を走ることになっているとき、走る順番は何通りあるか。次の中から正しいものを一つ選びなさい。

A 8通り　　B 12通り　　C 24通り　　D 48通り　　E 52通り

解答&解説

5 A

Aの速さを分速 x mとし、Bの速さを分速 y mとする。（ $x > y$ とする）
　出会う場合には20分かかるので、$(x + y) \times 20 = 1800$ … ①となる。
　並ぶ場合には60分かかるので、$(x - y) \times 60 = 1800$ … ②となる。
①、②を連立して解くと、

$$\begin{array}{r} x + y = 90 \cdots\cdots①' \\ +)\ \ x - y = 30 \cdots\cdots②' \\ \hline 2x\ \ \ \ \ = 120 \qquad x = 60 \quad y = 30 \end{array}$$

1周するのにかかる時間はAが $1800 \div 60 = 30$（分）、Bが $1800 \div 30 = 60$
（分）となる。よって、AとBの差は $60 - 30 = 30$（分）となる。

6 B

　Aが第1試合のパターンと第4試合のパターンを考える。
①Aが第1試合のパターン
　第1試合
　　A ──→ 第2〜第4試合はB、C、D　3人の順列 $_3P_3$
②Aが第4試合のパターン
　　　　　　　　　　　第4試合
　　第1〜第3試合はB、C、D 3人の順列 $_3P_3$ ──→ A
それぞれ $_3P_3 = 3 \times 2 \times 1 = 6$（通り）
2つのパターンで和の法則　$6 + 6 = 12$（通り）

7 D

並び順を決める問題で、順列で計算する。
先頭は男子と決まっており、残り4つを4人で選ぶ組み合わせを考える。

　①　②③④⑤
男子　□□□□
②③④⑤の選び方　$_4P_4 = 4 \times 3 \times 2 \times 1 = 24$（通り）
また、男子が2人なので、先頭の順番は2通りある。
よって、$24 \times 2 = 48$（通り）

8

数学

8 A〜Eの5人の生徒がいる。この5人は、それぞれ身長が異なっている。Aは Dより身長が低いが Bより身長が高い。Cは Aより身長が低い。このことから、5人の生徒の中でだれが最も身長が高いかを決めるのにさらに必要な条件として正しいものは、次のうちどれか。一つ選びなさい。

A Aは2番目である

B Bは Eより身長が低い

C Eは Cより身長が高い

D Cは4番目である

E Bはいちばん身長が低い

9 白球5個、黒球3個の入った袋がある。同時に3球を取り出すとき、次の確率を求め、正しいものを一つずつ選びなさい。

（1）全部白球である確率

A $\dfrac{3}{56}$ B $\dfrac{3}{28}$ C $\dfrac{1}{7}$ D $\dfrac{5}{56}$ E $\dfrac{5}{28}$

（2）少なくとも1球が白球である確率

A $\dfrac{5}{56}$ B $\dfrac{9}{28}$ C $\dfrac{15}{56}$ D $\dfrac{15}{76}$ E $\dfrac{55}{56}$

10 ある航空会社では、運賃を少しでも上げると、客数が20%減るという。今、売上を20%増やす必要が生じた。運賃を何%上げればよいか。次の中から正しいものを一つ選びなさい。

A 20%   B 30%   C 40%   D 50%   E 60%

解答＆解説

8 A

　本文条件より、身長が高い順にD＞A＞C＞BまたはD＞A＞B＞Cが考えられる。次に、Eがどの位置にくるかにより最も身長が高い人が決まる。Aの選択肢は、Aが2番目と限定できればEは3〜5番目のどれかになるので、最も身長の高い人がDと分かる。B〜Eの選択肢は最も身長の高い人が決定できない。

9 (1) E (2) E

組み合わせ（C）を考える。

(1) 起こりうるすべての場合の数を求める。

$$_8C_3 = \frac{8 \times 7 \times 6}{3 \times 2 \times 1} = 56$$

全部白球が起こりうる場合の数

$$_5C_3 = \frac{5 \times 4 \times 3}{3 \times 2 \times 1} = 10$$

よって $\dfrac{10}{56} = \dfrac{5}{28}$

(2) 全部黒球が起こりうる場合の数　$_3C_3$

全部黒球である確率　$\dfrac{_3C_3}{_8C_3} = \dfrac{1}{56}$

少なくとも1球が白球である確率　$1 - \dfrac{1}{56} = \dfrac{55}{56}$

10 D

元の運賃を1として、値上げした運賃を x とする。元の客数を y とすると客数が20%減るので$0.8y$。全体の売上が1.2倍になればよいのだから、

$$1.2y = 0.8xy$$
$$0.8x = 1.2$$
$$x = 1.5 \quad \therefore 1.5 - 1 = 0.5$$

したがって、50%値上げすればよい。

8

数学

11 次の展開図からなる立体を1つずつ組み合わせたときに、立方体となるのはどれとどれの組み合わせか、正しいものを一つ選びなさい。

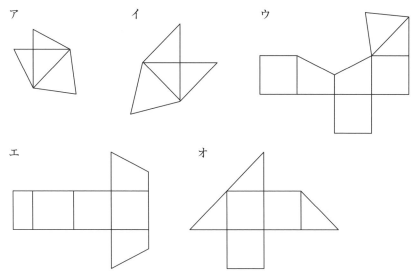

ア　　　　　　　　イ　　　　　　　　ウ

エ　　　　　　　　オ

A アとエ
B アとウ
C イとエ
D イとオ
E イとウ

12 0から9までのカードがそれぞれ1枚ずつ、合計10枚ある。この中から3枚のカードを取り出すとき、カードの数の和が15となる組み合わせは何通りあるか。次の中から正しいものを一つ選びなさい。

A 9通り　　　B 10通り　　　C 11通り　　　D 12通り　　　E 13通り

解答 & 解説

11 B

　ア～オの展開図を組み立てた立体を思いうかべ、それらから考えていく。オの展開図は、唯一組み立てられないため、答えから外れる。その他のア～エを組み立てると、以下の図のようになるが、ア・イ・ウそれぞれの1辺の長さを参考に考えると、アとウで、立方体ができる。

ア 　　イ 　　ウ 　　エ

【完成図】

12 B

　樹形図を作って考えてみる。

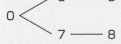　　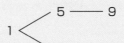　　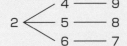

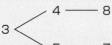　　

以上より10通りとなる。

13 ある店において、１日に売れたX商品とY商品の平均売り上げ単価はそれぞれ270円、630円であった。また、両方合わせた平均売り上げ単価は350円であった。両者の売り上げ枚数の合計で考えられるのは、次のうちどれか、正しいものを一つ選びなさい。

A 70枚　　　B 80枚　　　C 90枚　　　D 100枚　　　E 110枚

14 連続した３つの正の整数A、B、Cがある。このうち、連続した２つの整数をかけると272になった。また、２で割り切れる整数は２つあるという。３つの整数の和はいくらか。次の中から正しいものを一つ選びなさい。

A 39　　　B 42　　　C 48　　　D 51　　　E 54

15 長さ32cmのばねに25gのおもりをつるすと、全体の長さは37cmになる。このばねを２本直列につなぎ、ある質量のおもりをつるしたところ、ばね全体の長さが72cmとなった。つるしたおもりの質量はいくらか、次の中から正しいものを一つ選びなさい。ただし、ばね自体の重さは無視するものとする。

A 20g　　　B 25g　　　C 30g　　　D 35g　　　E 40g

解答＆解説

13 C

X商品A枚、Y商品B枚とすると、$\dfrac{270A + 630B}{A + B} = 350$ より、

$2A = 7B$ となる。したがって、A：B＝7：2である。

この比で具体的な組み合わせを考えてみると、

X商品	Y商品	合計
7枚	2枚	9枚
14枚	4枚	18枚
35枚	10枚	45枚
70枚	20枚	90枚

X商品は7×a〔枚〕、Y商品は2×a〔枚〕（aは定数）となっていて、合計枚数はいずれも9の倍数（7a＋2a＝9a）となることが分かる。選択肢の中で9の倍数は90枚だけである。

14 D

問題文より、3つの数字は連続している。その中の2つの数字の積が272なので、2つの数字のうち小さい数字をxとおく。

$x \times (x + 1) = 272$

$x^2 + x - 272 = 0$

$(x + 17)(x - 16) = 0$

$x = 16、-17$

$x = -17$ のときは題意に反するので、$x = 16$ である。16 は小さい数字のどちらかであるが、15、16、17 とすると2で割り切れる数が1つであるので妥当ではない。ゆえに、連続した整数は16、17、18 であり、この数の合計は51である。

15 A

25gのおもりによって5cm伸びることから、5gあたり1cm伸びることが分かる。同じばね2本を直列につないだ場合、5gのおもりをつるしたとすると、2本のばねはそれぞれ1cm、合計で2cm伸びる。直列につないだばねの自然長が合計64cm、おもりをつるした際の全体の長さが72cm であるから、2本の伸びの合計は72−64＝8〔cm〕となる。ばね1本あたりの伸びが4cmとなるため、つるしたおもりの質量は5〔g/cm〕×4〔cm〕＝20〔g〕

16 同じサイコロを3個用意し、図のように並べた。このとき、サイコロ同士が接している面の目の数をすべて足すと、いくつになるか。次の中から正しいものを一つ選びなさい。ただし、それぞれのサイコロの相対する面の目の和は7とする。

A 12

B 13

C 14

D 15

E 16

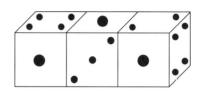

17 次の図形の中に含まれる三角形と正方形の数の組み合わせとして正しいものは、次のうちどれか。一つ選びなさい。

	三角形の数	正方形の数
A	30	6
B	30	7
C	32	7
D	32	8
E	34	8

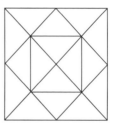

18 図のような二等辺三角形ＡＢＣ（ＡＢ＝ＡＣ）があり、この三角形の面積は480cm^{2}である。ＡＢの中点をM、ＡＣの中点をNとし、それぞれＣ、Ｂと結び、その交点をＰとすると、△ＢＰＣの面積はいくらになるか。次の中から正しいものを一つ選びなさい。

A 120cm^2

B 160cm^2

C 200cm^2

D 240cm^2

E 280cm^2

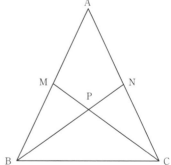

解答&解説

16 D

　まず、右の図でBのサイコロについては、
AとCに接している面は相対する面であり、
目の数の和が7だと分かっている。Aのサイ
コロはCのサイコロを90°左に回転させたも
のなので、矢印の方向から見た面の目は2と
なり、相対する面は5となる。Bのサイコロ

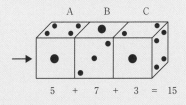

と接しているCのサイコロの目は4と相対している面なので3となる。

　したがって、サイコロ同士が接している面の目の数の和は15となる。

17 C

　最も小さい三角形の面積を1とすると、面積が1、2、4、8の4種類の三角形
がある。その個数は、面積1の三角形が16個、面積2の三角形が8個、面積4の
三角形が4個、面積8の三角形が4個あり、全部で三角形は32個である。同様に
正方形は、面積が2、4、8、16の4種類があり、その個数は、面積2の正方形
が4個、面積4の正方形が1個、面積8の正方形が1個、面積16の正方形が1個
あり、全部で正方形は7個である。

18 B

　ABの中点とCを結んだ線と、ACの中点とB
を結んだ線が交わっている点Pは、△ABCの重
心である。これにより、BP:PN=2:1、CP:
PM=2:1となる。また、BCの中点をQとし、
Aと結ぶと、AP:PQ=2:1となる。
AQはBCと直角となることから、AQは△ABC
の高さとなる。△ABCの面積が480cm²である
ので、高さが

$\dfrac{1}{3}$ の△BPCの面積は$480×\dfrac{1}{3}=160$（cm²）
となる。

19 次の掛け算のX、Y、Zにはそれぞれ異なる数字が入る。X＋Y＋Zはいくらか、正しいものを一つ選びなさい。

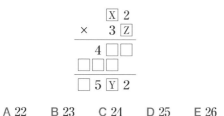

A 22　　B 23　　C 24　　D 25　　E 26

20 次のような掛け算がある。A〜Eの和として正しいものは次のうちどれか、正しいものを一つ選びなさい。なお、A〜Eに入る数字は他と同じものであってもよい。

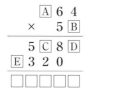

A 19　　B 21　　C 23　　D 26　　E 27

解答＆解説

19 A

　下の掛け算の①は2であることになり、Z×2で一の位が2になるのはZが6のときのみ。X×6の十の位が4から、繰り上がり1を考慮するとXには7か8が入る。次に②は6が入るのが分かり、X×3の計算の結果、仮にXを8で行うと③は4になり、Xを7で行うと③は1となるため、下の5になる可能性がある③は1だから、Xは7と確定する。以下計算してYは5となる。

　以上より、7＋9＋6＝22
　計算結果は右のようになる。

$$
\begin{array}{r}
\boxed{X}\,2 \\
\times \quad 3\,\boxed{Z} \\
\hline
4\,\square\,\boxed{①} \\
\square\,\boxed{③}\,\boxed{②} \\
\hline
\square\,5\,\boxed{Y}\,2 \\
\end{array}
\quad\longrightarrow\quad
\begin{array}{r}
7\,2 \\
\times \quad 3\,6 \\
\hline
4\,3\,2 \\
2\,1\,6 \\
\hline
2\,5\,9\,2 \\
\end{array}
$$

20 C

　掛け算を2つに分けてみる。

図1
$$
\begin{array}{r}
\boxed{A}\,6\,4 \\
\times \quad\quad \boxed{B} \\
\hline
5\,\boxed{C}\,8\,\boxed{D} \\
\end{array}
$$

図2
$$
\begin{array}{r}
\boxed{A}\,6\,4 \\
\times \quad\quad 5 \\
\hline
\boxed{E}\,3\,2\,0 \\
\end{array}
$$

　図1より、Aには6以上の数が入ることが分かる（Aが5以下では、Bが最大数でも計算結果が5C8Dより下回ってしまうため）。（例）564×9＝5076

　図2を見ると64×5＝320であることから、Aには偶数が入ることが分かる。よって、Aは6か8かのどちらかである。

　Bは、掛けて千の位が5になる数を考える。

　Aが6と仮定すると、664×8＝5312、664×9＝5976

　Aが8と仮定すると、864×6＝5184

　ゆえに、A＝8、B＝6となり、図3のように求められる。

図3
$$
\begin{array}{r}
\boxed{8}\,6\,4 \\
\times \quad\quad 5\,\boxed{6} \\
\hline
5\,\boxed{1}\,8\,\boxed{4} \\
\boxed{4}\,3\,2\,0 \\
\hline
\boxed{4}\,8\,\boxed{3}\,\boxed{8}\,\boxed{4} \\
\end{array}
$$

∴ A＋B＋C＋D＋E＝8＋6＋1＋4＋4＝23

21 10進法で880は、5進法にするといくつになるか。次の中から、正しいものを一つ選びなさい。

A 11210　　B 12240　　C 12120　　D 12010　　E 12310

22 3進法で21012と表わされる数を、5進法で表すといくつになるか。次の中から正しいものを一つ選びなさい。

A 1124　　B 1134　　C 1214　　D 1234　　E 1324

解答＆解説

21 D

10進法→n進法の場合

10進法のもとの数をn進法のnで次々と割っていく。

⇩

最後の商と余りを下から順に並べる。

⇩

| これが答え。 | 12010 |

```
5 ) 880
5 ) 176 … 0 ▲
5 )  35 … 1
5 )   7 … 0
      1 … 2
```

22 D

3進法→5進法に直すには、(1) 3進法→10進法、(2) 10進法→5進法、の2段階計算をする。

(1) n進法→10進法の場合

(例) n進法のａｂｃｄｅという5ケタの数を10進法に直す。

$a \times n^{5-1} + b \times n^{5-2} + c \times n^{5-3} + d \times n^{5-4} + e =$ 答え

21012（3進法・5ケタ）を10進法に直す。

$2 \times 3^{5-1} + 1 \times 3^{5-2} + 0 \times 3^{5-3} + 1 \times 3^{5-4} + 2$

$= 2 \times 81 + 1 \times 27 + 0 \times 9 + 1 \times 3 + 2$

$= 162 + 27 + 3 + 2$

$= 194$

(2) 10進法の194を5進法に直す。

```
5 ) 194
5 )  38 … 4
5 )   7 … 3
      1 … 2
```

よって、1234。

23 図は正五角形であるが、図中 x の角度を求め、次の中から正しいものを一つ選びなさい。

A 66°

B 68°

C 72°

D 76°

E 80°

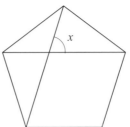

24 図のような任意の5つの点を直線で結んだ図形において、∠a～∠fの和は何度になるか、次の中から正しいものを一つ選びなさい。

A 180°

B 270°

C 360°

D 450°

E 540°

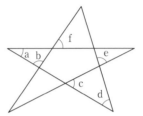

25 図のように、一辺が8cmの正六角形ＡＢＣＤＥＦがある。今、点PをCD上にＣＰ：ＰＤ＝３：１、点QをEF上にＥＱ：ＱＦ＝１：３となるようにおいた。このときＰＱの長さは何cmになるか。次の中から正しいものを一つ選びなさい。

A 9.0cm

B 9.5cm

C 10.0cm

D 10.5cm

E 11.0cm

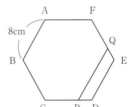

解答＆解説

23 C

正五角形の１角の大きさは、
n角形の内角の和＝(n−2)×180° より、
180×3÷5＝108°
となる。また、FB//DC、FD//BCより、
∠DCB＝∠BFD＝108°
よって、x＝180−108＝72° となる。

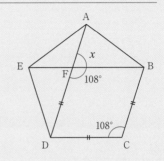

24 C

対頂角は等しいから、右図のように∠bと∠fを
それぞれ対頂角に移動させる。また、三角形の２つ
の内角の和は、それらと隣り合わない外角と等しい
ので、∠a＋∠dも右図のように移動させる。この
とき、∠a＋∠d、∠b、∠c、∠e、∠fは五角
形の外角になっており、多角形の外角の和はつねに
360°であるから、
∠a＋∠b＋∠c＋∠d＋∠e＋∠f＝360°
となる。

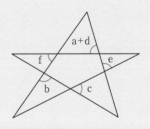

25 C

右図のように、辺CDと辺FEの延長線の交点
をRとすると、正三角形EDRができる。PQ＝x
（cm）とおくと、三角形EDRと三角形QPRは
相似関係なので、
　x：8＝10：8　　∴ x＝10（cm）
となる。

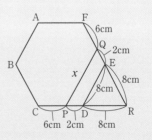

26 次の図形を ℓ を軸に 1 回転してできる立体の体積を求め、次の中から正しいものを一つ選びなさい。

A 34 π cm³

B 35 π cm³

C 36 π cm³

D 37 π cm³

E 38 π cm³

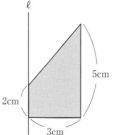

27 図の立体の体積を求め、次の中から正しいものを一つ選びなさい。

A 270 π cm³

B 275 π cm³

C 280 π cm³

D 285 π cm³

E 290 π cm³

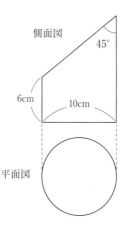

28 図の立体のアミかけ部分の体積を求め、次の中から正しいものを一つ選びなさい。

A 168cm³

B 170cm³

C 172cm³

D 174cm³

E 176cm³

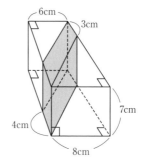

解答＆解説

26 C

円柱の体積から円錐の体積を引いて求める。
円柱の体積＝$3 \times 3 \times \pi \times 5 = 45\pi$ （cm^3）
円錐の体積＝$3 \times 3 \times \pi \times 3 \times \dfrac{1}{3} = 9\pi$ （cm^3）
$45\pi - 9\pi = 36\pi$ （cm^3）となる。

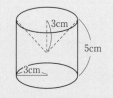

27 B

高さ6cm までの円柱の体積は、
$5 \times 5 \times \pi \times 6 = 150\pi$ （cm^3）
高さ6cm 以降の立体の体積は、
$5 \times 5 \times \pi \times 10 \div 2 = 125\pi$ （cm^3）
よって、求める立体の体積は、
$150\pi + 125\pi = 275\pi$ （cm^3）となる。

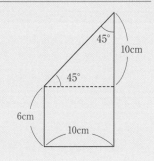

28 A

　上から見ると右図のようになる。△ABC
では、ABを底辺とすると高さは8cm であ
り、△DCAは、DCを底辺とすると高さは
6cm である。よって、アミかけ部分の面積
は、$3 \times 8 \div 2 + 4 \times 6 \div 2 = 24$ となる。
　以上により、求める体積は$24 \times 7 = 168$（cm^3）
となる。

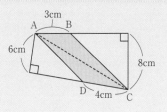

8

数学

29 計算を解き、次の中から正しいものを一つ選びなさい。

（1） $650 + 84 \div 7$

A 626　　B 660　　C 662　　D 672　　E 699

（2） $8 - (-0.5) + 2$

A 9.5　　B 10.0　　C 10.5　　D 10.8　　E 11.2

（3） $65.14 + 29.286$

A 94.380　　B 94.420　　C 94.426　　D 94.556　　E 95.636

（4） $\dfrac{4}{3} \div \dfrac{2}{5}$

A $\dfrac{1}{2}$　　B $\dfrac{3}{5}$　　C $\dfrac{2}{3}$　　D $\dfrac{8}{15}$　　E $\dfrac{10}{3}$

30 □に当てはまるものを次の中から一つ選びなさい。

（1） $\square \div 4 = 3 \times 7 \times 4$

A 96　　B 36　　C 21　　D 112　　E 336

（2） $6 \times \square + 75 = 17 \times 9$

A 13　　B 8　　C 7　　D 15　　E 9

（3） $0.3 \times \square = 30 \div 0.4$

A 125　　B 250　　C 100　　D 25　　E 22.5

（4） $0.6 \div \square = \dfrac{1}{50}$

A 60　　B 30　　C 25　　D 50　　E 40

（5） $0.04 \times \square = 2 \div 400$

A 0.0125　　B 12.5　　C 0.125　　D 125　　E 1250

（6） $64 \div \square = 8 \div 0.4 \div 5$

A 8　　B 128　　C 52　　D 24　　E 16

解答＆解説

29 (1) C　(2) C　(3) C　(4) E

(1) 掛け算・割り算（本問では$84÷7=12$）は足し算・引き算よりも先にする。
$650+12=662$

(2) マイナスの数をマイナスするので、プラスで足し算となる。
$8+0.5+2=10.5$

(3) 小数点をそろえて、小数点以下を計算する。

$$\begin{array}{r} 65.14 \\ +\,29.286 \\ \hline 94.426 \end{array}$$

(4) 分数で割るときは、分母と分子を逆にした数を掛ける。
$\dfrac{4}{3} \times \dfrac{5}{2} = \dfrac{20}{6}$　約分して $\dfrac{10}{3}$

30 (1) E　(2) A　(3) B　(4) B　(5) C　(6) E

(1) 先に右辺の$3×7×4=84$を計算して、$□÷4=84$。$84×4=□=336$と計算する。このような$÷4$は右辺に移して$×4$と考えてもよい。$□=3×7×4×4=336$

(2) $+75$を右辺に移行し、$6×□=17×9-75$と考え、$6×□=78$とする。$□=78÷6=13$と計算する。

(3) $0.3×$を右辺に移し、$□=30÷0.4÷0.3=250$と計算する。

(4) 小数点と分数になっているので、$\dfrac{1}{50}=0.02$になおす。$0.6÷□=0.02$と考え、$□=0.6÷0.02=30$と計算する。また$÷□$を右辺に移し、$0.6=0.02×□$と考えてもよい。

(5) $0.04×$を右辺に移し、$□=2÷400÷0.04=0.125$と計算する。

(6) 64を右辺に移し、
$□=64÷(8÷0.4÷5)$
$=64÷4$
$=16$

8

数学

151

> ◆年金改革や消費税、裁判員制度など、最近の政治の動きは要チェック
> ここを
> チェック！
> ◆経済については、景気対策や雇用問題、株価などにも注意する

1 次の各事項のうち、内閣の職務に属さないものを一つ選びなさい。

A 政令を制定する

B 弾劾裁判を行う

C 予算案を国会に提出する

D 法律を誠実に執行する

E 外交関係を処理する

2 わが国の国会の種類として、存在しないものを次の選択肢から一つ選びなさい。

A 通常国会　　B 臨時国会　　C 定期国会

D 緊急集会　　E 特別国会

3 次に挙げる国会の役割のうち、衆議院が参議院に対して優越しないものはどれか、選択肢の中から一つ選びなさい。

A 内閣不信任案の決議

B 内閣総理大臣の指名

C 予算の議決

D 条約の承認

E 国政調査権の発動

解答＆解説

1 B

　内閣の職務については、日本国憲法第73条などに規定されている。A、C、D、Eのほかに、条約の締結、官吏（公務員）に関する事務の掌理、大赦・特赦・減刑などの決定、天皇の国事行為についての助言と承認、最高裁判所長官の指名、最高裁判所と下級裁判所の裁判官の任命などが職務とされる。

　Bの弾劾裁判は内閣の職務ではない。裁判官の弾劾裁判は、憲法第64条に基づき、国会に設けられた弾劾裁判所が行う。弾劾裁判は、20名の国会議員（衆参各10名）が委員となって構成する裁判官訴追委員会の訴追を受けて、14名の国会議員（衆参各7名）が裁判員となって行われる。

2 C

　Aの「通常国会」は、毎年1月に召集され、予算の議決を主要議題とする。会期は原則として150日である。Bの「臨時国会」は、内閣が必要と認めた場合や、衆議院または参議院のいずれかの議員の4分の1以上の要求があった場合に召集される。Dの「緊急集会」は、衆議院の解散中、国に緊急の必要がある場合に召集され、緊急議題を暫定議決するが、その措置は後に衆議院の同意がない場合、失効する。Eの「特別国会」は、衆議院の解散による総選挙後30日以内に召集され、内閣総理大臣の指名を主な議題とする。Cの「定期国会」はわが国には存在しない。

3 E

　国政調査権は、国会が内閣の行政について調査する権限のことで、衆議院・参議院とも同等に与えられている。具体的には、証人の喚問や、記録の提出を求めることで、5年ごとに人口などを調べる「国勢調査」とはまったく異なるので注意。Aの「内閣不信任案の決議」は、衆議院だけが持つ権限である。Bの「内閣総理大臣の指名」は、衆議院と参議院で異なる人物を指名した場合、両院協議会を開くこともあるが、10日を超えれば、衆議院で指名された人物に自然成立する。Cの「予算の議決」とDの「条約の承認」は、衆議院で可決され、参議院で否決または審議途中の場合、30日を超えれば自然成立する。

4 国民に最高裁判所裁判官を罷免するかどうかを問う制度の名称は何か、次の中から一つ選びなさい。

A 国民投票

B 国民審査

C 解職請求

D 監査請求

E 裁判員制度

5 環境破壊・人権侵害などの問題に取り組んでいる、民間の国際協力団体の略称として正しいものを、次から一つ選びなさい。

A ODA　　　B NPO　　　C NGO

D OECD　　　E INF

6 わが国の裁判は、三審制が採用されているが、第一審の判決に不服な場合、上級の裁判所に第二審を求めることを何というか、次から一つ選びなさい。

A 告訴　　　B 起訴　　　C 上告

D 控訴　　　E 再審

解答＆解説

4 B

　最高裁判所の裁判官を罷免するかどうかを国民が審査する制度は、日本国憲法第79条に規定されている。最高裁判所の裁判官は、任命後初の衆議院議員総選挙の投票日に国民審査を受け、その後は審査から10年を経過した後に初めて行われる衆議院議員総選挙時に再審査を受ける。国民審査の投票用紙には、そのときに国民審査の対象となる裁判官の氏名が記載されており、投票者は、罷免すべきと思う裁判官に×印をつける。投票者の過半数が×印をつけた裁判官は罷免される。これまで、国民審査によって罷免された裁判官はいない。投票用紙に×印を書き込まなかった場合は、自動的に信任とみなされるため、国民審査では常に信任票が多くなる傾向にあり、この制度は形骸化したものであるとの見方もある。

5 C

　非政府組織＝NGO（Non-Governmental Organizations）は、政府以外の組織であり、公共的・公益的サービスを担う活動を行う非営利組織である。慣習的にも国際的に活動するものをNGOと呼ぶことが多い。国際的な非政府組織としては、国際人権救援機構（AI）、国際赤十字連盟（IFRC）などがある。

　Aの「ODA」は政府開発援助、Bの「NPO」は、広義では非営利組織のこと。狭義では特定非営利活動促進法（1998年成立）により法人格を得た、NPO法人のこと。Dの「OECD」は経済協力開発機構、Eの「INF」は中距離核戦力のこと。

6 D

　裁判の公正・慎重を図り、国民の人権を守るために判決に不服であれば、より上級の裁判所に対してやり直しを求め、3回まで裁判を受けることができる。第一審の判決に不服で、上級の裁判所に裁判を求めることを「控訴」、第二審の判決に不服で、上級の裁判所に裁判を求めることを「上告」という。また、裁判が確定した後、裁判の誤りが分かってやり直すことを「再審」という。

　Aの「告訴」は、犯罪の被害者などが、捜査機関に犯罪事実を申告し、犯人の訴追を求めること。Bの「起訴」は、刑事訴訟で、検察官が裁判所に公訴を提起すること。民事訴訟では、訴えの提起をいう。

9

社会一般

7 市民の立場から、行政監察や苦情処理を行い、「市民の代理人」といわれるのは次のうちどれか、選択肢から一つ選びなさい。

A 行政監視委員　　B 公正取引委員　　C 民生委員

D オンブズマン　　E 消費生活センター

8 わが国の租税は、国税と地方税、直接税と間接税に分類することができる。国税で、かつ直接税であるものを選択肢の中から一つ選びなさい。

A 消費税　　B 事業税　　C たばこ税

D 贈与税　　E 固定資産税

9 アメリカ大統領に関する説明のうち、誤っているものを選択肢の中から一つ選びなさい。

A 任期は4年である

B 再選は禁止されている

C 議会に議席を持たない

D 議会の解散権を持たない

E 教書を議会に送る

解答&解説

7 D

「オンブズマン」は、スウェーデンで始まった制度である。市民の有志が中立的な立場で行政を監視する。わが国では国レベルでは導入されていない。市民オンブズマンなどの運動によって、地方公共団体の情報公開が進むケースが多く、政治への住民参加も促進されることが期待される。

8 D

「贈与税」は、相手からの財産の贈与を受けた者に課せられる、国税・直接税の一つである。この他に、国税・直接税は、法人税、所得税、相続税がある。贈与税は、生前贈与による相続税回避を防止する目的の税金であることから、相続税法の中で規定されている。

Aの「消費税」は、国税・間接税、Bの「事業税」は地方税（都道府県税）・直接税、Cの「たばこ税」は、地方税（都道府県税＋市町村税）・間接税、Eの「固定資産税」は、地方税（市町村税）・直接税である。直接税とは、税金を出す人と、そのお金を税務署に納める人が同じ場合の税金で、異なる場合が間接税となる。

9 B

アメリカ大統領は、4年に一度、国民の投票によって選出される。再選は一度限りで認められ、3選は禁止されている。大統領選挙は、形式的には間接選挙であり、大統領・副大統領は選挙人団によってペアで選出される。以前はワスプ（白人・アングロサクソン・プロテスタント）が立候補の必須条件とされていたが、1960年、アイルランド移民の家系からケネディが立候補し、かつ彼はカトリックであったため、必ずしもその条件は満たされなくてもよくなったといえる。2008年の大統領選挙においても、民主党からアフリカ系アメリカ人の黒人（混血）であるオバマ氏が選出され、大統領となった。2012年、オバマ大統領は再選を果たしている。

9

社会一般

10 次の各国のうち、成文憲法を持たない国はどこか、次の中から一つ選びなさい。

A 日本　　B 米国　　C ドイツ

D イギリス　　E フランス

11 治安維持や国防程度の仕事しかせず、「小さな国家」といわれる19世紀型の国家は、何と呼ばれるか、次から一つ選びなさい。

A 警察国家　　B 自治国家　　C 防衛国家

D 夜警国家　　E 福祉国家

12 不況でありながら、物価が上昇する現象は何と呼ばれるか、次の中から一つ選びなさい。

A デフレーション

B インフレーション

C スタグフレーション

D デノミネーション

E リフレーション

解答＆解説

10 D

　「イギリス」は憲法典を有していない国の一つで、過去の議会決議や通常の手続きで作られた法律から構成される不文憲法制である。イギリスの不文法を構成している法律には、マグナ・カルタ（大憲章）、人身保護法、権利の章典、慣習法、王位継承法など多数が挙げられる。その国が不文憲法である要因としては、歴史的経緯によるもの、慣習法など複数の法律が成文憲法の役割を果たしている場合などがある。

11 D

　近代の国家は、18世紀＝強大な警察力を背景に、国民を抑圧する「警察国家」、19世紀＝治安維持や国防しか行わない「夜警国家」、20世紀＝政府が経済に介入して、経済発展を図り、社会保障を増進させる「福祉国家」と推移していった。「夜警国家」は、自由主義国家とも呼ばれ、ドイツの政治学者フェルディナント・ラッサールが命名したものである。

12 C

　通常、不況になると物価が持続して下がるAのデフレーションが発生する。一方で好況では物価が持続して上がるBのインフレーションが発生する。しかし、不況でありながら物価が上昇する現象が発生することもある。これをスタグフレーションという。一例としては、1970年代前半にオイルショックによって発生したスタグフレーションが挙げられる。

　なお、Dのデノミネーションとは通貨の呼称単位を変更することである。例えば1万円を新1円に変更する場合などが挙げられる。Eのリフレーションとは、デフレーションにより下がりすぎた物価を引き上げるために、人為的にインフレーションに向かわせるべく通貨量を増やすことである。通貨再膨張ともいう。

13 労働争議行為に当たらないものを、次から一つ選びなさい。

A ストライキ　　B ワークシェアリング　　C サボタージュ

D ピケッティング　　E ロックアウト

14 財政の仕組みそのものに景気を安定させる機能が内在していることを、経済用語で何というか、次の中から一つ選びなさい。

A プライマリーバランス

B ビルト・イン・スタビライザー

C フィスカル・ポリシー

D 財政投融資

E 外形標準課税

15 次の各項目のうち、日本銀行が調査し、発表しているものを一つ選びなさい。

A 消費者物価指数

B 有効求人倍率

C 景気動向指数

D 公示地価

E 全国企業短期経済観測調査

解答＆解説

13 B

Bの「ワークシェアリング」は、労働争議行為ではなく、労働時間の短縮や賃金抑制によって、雇用を増やすこと。仕事の分け合いともいわれる。B以外は、それぞれ労働争議行為で、Aの「ストライキ」は、労働者が仕事をしないこと。Cの「サボタージュ」は、労働者が生産性を落とすこと。Dの「ピケッティング」は、ストライキの際に見張りをおき、ストライキ参加への要請やストライキ破りをさせないようにすること。Eの「ロックアウト」は、使用者側の争議行為で、ストライキが行われている作業所などを閉鎖すること。

14 B

ビルト・イン・スタビライザーは、財政の仕組み自体に備わっている、景気を自動的に調節する装置のことである。景気安定のための公共政策などに比べて、タイムラグが少ない特徴がある。所得税などの累進課税、雇用保険の給付などが、その具体例である。Aのプライマリーバランスは、国債の発行額と償還額を除外した、財政収支のことである。財政の基礎的収支ともいえる。Cのフィスカル・ポリシーは、国が景気を刺激するために行う財政政策のことである。Dの財政投融資は、政府が公共の資金を運用して行う投資や融資活動のこと。Eの外形標準課税は、企業の利益ではなく、資本金や売上高、従業員数などの、外部から比較的判断しやすい企業規模を基準にして課税する方式のことである。

15 E

Eの「全国企業短期経済観測調査」は、一般に「日銀短観」といわれる統計調査である。日本銀行が四半期（3か月に1回）ごとに発表する。日銀が直接、企業に業況感などをきく調査であり、サンプル数が多く回収率も高いので、数多くある経済指標の中でも特に注目され、株価にも影響を与える。Aの消費者物価指数は総務省が毎月発表する統計で、東京都区部と全国の2種類がある。Bの有効求人倍率は公共職業安定所（ハローワーク）で扱った有効求人数を有効求職者数で割ったもので、厚生労働省が発表する。Cの景気動向指数は、内閣府が発表する。Dの公示地価は国土交通省が毎年1回発表する。

9

社会一般

16 税のうち、低所得者ほど相対的に負担が大きくなる逆進性をもつものはどれか、次の中から一つ選びなさい。

A 消費税　　B 所得税　　C 法人税

D 贈与税　　E 住民税

17 運営コストを切り下げることによって薄利多売を行う小売業態を、次から一つ選びなさい。

A ディスカウントストア

B コンビニエンスストア

C デパート

D ショッピングセンター

E チェーンストア

解答＆解説

16 A

　消費税は、税を負担する人と税を納める人が異なる間接税の一つである。間接税の特徴として、それぞれ消費を行う人の収入に応じて税率を変更することができないので、高所得者も低所得者も一律で同じ税率が課せられる。その結果、収入に対する生活必需品の出費の割合が大きい低所得者層の負担が大きくなることを逆進性という。

　なお、B～Eまでの税はいずれも直接税であり、逆進性はない。

17 A

　「ディスカウントストア」では、商品を大量に仕入れたり、倉庫のような広大な売り場を用意したり、従業員を減らしセルフサービスにしたりして、店舗の運営コストを切り下げる。分野は紳士服、家電、薬品、日曜大工、自動車部品など多岐にわたる。

　Bの「コンビニエンスストア」は、多様な品揃えで長時間の営業を行う小売店。スーパーマーケットよりも小規模であるが、年中無休や深夜営業を行うことによって、消費者に便利さを提供する。Cの「デパート」は、衣料品や家庭用品を中心にして、豊富な品揃えとそれぞれの商品事業ごとに部門別管理をしている大規模小売店。Dの「ショッピングセンター」は、郊外の広大な敷地に小売業・飲食店・サービス業など異種の店を多数集めた集団的商業集積施設。Eの「チェーンストア」は、中央本部の管理統制下に置かれる多数の小売店のこと。日本のスーパーマーケットやコンビニエンスストアの多くは、チェーンストア方式である。

18 金融機関が破綻した場合、預金保険機構が預金者に元本合計で1000万円までの預金とその利息の払い戻しを保証する措置を何というか、次の中から一つ選びなさい。

A ペイオフ　　B ペイオン　　C ペイシステム

D ペイカット　　E ペイアウト

19 GATTの後継機関であり、自由貿易を促進させる目的で設置された国際機関として妥当なものはどれか、次の中から一つ選びなさい。

A TPP　　B FTA　　C IMF

D WTO　　E OECD

20 自由な経済行為が、自然な調和を生み出していくことを「神の見えざる手」と表現した経済学者は誰か、次の中から一人選びなさい。

A リカード　　B モンテスキュー　　C ケインズ

D アダム・スミス　　E マルクス

解答＆解説

18 A

　ペイオフ制度は、金融機関が破綻したとき、金融機関から集めた保険料によって、保険対象となる預金について一定限度まで預金者に払い戻す制度である。現在は、定期預金や利息の付く普通預金などは、合算して1000万円までの元本とその利息、当座預金や利息の付かない普通預金は全額が保護されることになっている。

19 D

　GATTは関税および貿易に関する一般協定のことで、国際社会における貿易障壁を減らし、自由貿易を促進させることを目的として1948年に発効した協定である。1995年に後継機関としてWTO（世界貿易機関）が新設され、GATTは発展改組した。

　なお、AのTPPは環太平洋戦略的経済連携協定のことで、太平洋に面した一部の国々が取り結ぶ貿易などに関する包括的な協定である。BのFTAは自由貿易協定のことで、特定の国や地域が相互に関税を削減、撤廃する協定である。CのIMFは国際通貨基金のことで、国際金融や為替相場の安定を目的とする機関である。EのOECDは経済協力開発機構のことで、自由主義経済の発展、発展途上国への援助促進のために協力を行うことを目的とする機関である。

20 D

　アダム・スミス（1723～1790年）は、イギリスの哲学者・経済学者である。主著の『国富論』（『諸国民の富』ともいう）では、ヒュームやモンテスキュー、チュルゴーといった思想家による理論の紹介をするとともに、市場とそこで行われる競争の重要性に着目し、近代経済学の基礎を確立したといわれる。「神の見えざる手」は、利己的に行動する各人が、市場において自由競争を行えば、自然と需要と供給は収束に向かい、経済的均衡が実現され、社会的安定がもたらされる、というものである。この著でわずか1回しか使われていないにもかかわらず、非常に有名な言葉である。

9

社会一般

21 次のうち、わが国の社会保障制度に含まれないものはどれか、選択肢の中から一つ選びなさい。

A 社会保険　　B 生命保険　　C 公的扶助

D 社会福祉　　E 公衆衛生

22 わが国における、1980年代後半の、いわゆるバブル景気をもたらした直接的要因となったものは次のうちどれか、次の選択肢の中から一つ選びなさい。

A プラザ合意　　B スミソニアン体制　　C ニクソンショック

D 平成大不況　　E 地上げ

23 IBRDの正式名称を、次の選択肢の中から一つ選びなさい。

A 国際労働機関

B 世界貿易機関

C 国際原子力機関

D 国際復興開発銀行

E 国連教育科学文化機関

解答＆解説

21 B

　現在のわが国の社会保障制度は、社会保険、公的扶助、社会福祉、公衆衛生の四つの柱からなる。生命保険は、個人などが民間の生命保険会社と契約するもので、社会保障制度ではない。Aの社会保険とは、被保険者が納める保険料と租税をもとに、病気・老齢・失業などの場合に、保険金やサービスの給付が行われるものである。Cの公的扶助は、生活保護法により、生活困窮者に対して、最低生活を保障する生活費を支給する制度。Dの社会福祉は、社会的弱者（ハンディを持つ人）に手当てやサービス（保健設備など）を支給するもので、福祉六法（児童福祉法・母子及び寡婦福祉法・身体障害者福祉法・知的障害者福祉法など）により、法制化されている。Eの公衆衛生は、国民の健康を維持し、生活環境を整備するもので、伝染病の予防、公害対策、下水道の整備などがあげられる。

22 A

　プラザ合意は、1985年9月、ニューヨークのプラザホテルにおいて行われた。G5（先進5カ国蔵相・中央銀行総裁会議）で発表された。当時のアメリカの財政の対外不均衡解消を名目として為替市場に協調介入するというもので、主に対日貿易赤字の是正のために、円高ドル安政策を採るものであった。発表の翌日には、ドル円レートは1ドル235円から約20円下落。1年後には、ドルの価値はほぼ半減して、150円台での取引が行われるようになった。この合意を受けた日本では急速な円高が進行した。円高不況の発生を懸念し、低金利政策が採用・継続されたため、不動産や株式への投機を加速した。これが後にくる、バブル景気の最大の要因といえる。多くの見解では、プラザ合意こそがバブル崩壊後に日本を「失われた10年」といわれる長期の不況に陥れた直接の原因であるとしている。

23 D

　「国際復興開発銀行」は、世界銀行(世銀)とも呼ばれる。第二次世界大戦後の世界各国の復興を促す目的で、1946年に業務を開始、1947年に国連の専門機関となった。その後、累積債務問題など、発展途上国の国際収支悪化緩和のための経済構造調整融資が中心となる。Aの「国際労働機関」はILO、Bの「世界貿易機関」はWTOで、1995年にGATTを発展解組させたもの。Cの「国際原子力機関」はIAEA、Eの「国連教育科学文化機関」はUNESCO（ユネスコ）と略称される。

24 2007年には、世界の人口は66億人を超えたといわれているが、次の中から人口が1億人以下の国を一つ選びなさい。

A ブラジル　　　B インドネシア　　　C 日本

D バングラデシュ　　　E ドイツ

25 株式会社の特徴について説明した次の文章のうち、誤っているものを一つ選びなさい。

A 株主の責任は無限である

B 利益は、株主に対して配当として分配される

C 最高議決機関は株主総会である

D 監査役は、会計監査を担当する

E 出資者と経営者が分離していることが多い

26 ルソーの『社会契約論』を翻訳・出版した人物を、次の中から一人選びなさい。

A 福沢諭吉　　　B 西周　　　C 中江兆民

D 伊藤博文　　　E 大隈重信

解答＆解説

24 E

2007年に発表された国連人口基金の「世界人口白書」によると、人口が1億人を超えているのは、順に、中国、インド、アメリカ、インドネシア、ブラジル、パキスタン、バングラデシュ、ロシア、ナイジェリア、日本である。ドイツの人口は約8270万人である。なお同書によると、日本の人口は、現在の1億2800万人から、2050年には1億300万人程度に減少し、世界順位では、現在の10位から16位程度に低下すると予測している。

25 A

株式会社の資本金は、小額の株式に分割され、これを所有する株主の責任は有限である。会社が倒産した場合、その借金に対して、自分の個人的全財産を持って責任を負う出資者を、無限責任社員という。また、自分が出資した金額だけを失い、それ以上の責任を取らなくてもよい出資者を有限責任社員という。

会社のうち、合名会社は、無限責任社員のみで構成され、合資会社は、無限責任社員と有限責任社員で構成される。それに対して、有限会社と株式会社は、有限責任社員のみであるが、有限会社は、2006年5月の会社法施行に伴い、自動的に株式会社に組織変更されたものとして存続し、新たな設立ができなくなった。

26 C

フランスの思想家ルソー（1712～1778）は、その著書『社会契約論』の中で、「人は生まれながらにして自由である。しかし、いたるところで鉄の鎖につながれている」と述べ、国家の最高権力（主権）を国民が動かすことによって人権を守ることができると説いた。中江兆民（1847～1901）は、『民約訳解』というタイトルで『社会契約論』を翻訳して出版した。国民主権と自由・平等を主張したもので、自由民権運動にも大きな影響を与えるものであった。

> **ここを チェック!**
> ◆長文読解、和訳、文法などを練習しておく
> ◆時事英語はさまざまな新聞・雑誌を元に最新の 話題をチェックする

1 次の英文の和訳として最も適切なものを、次の中から一つ選びなさい。

Whatever you may say, he will get angry.

A あなたが何も言わなければ彼の怒りは収まらないだろう

B もしあなたが何か話しかければ、彼は怒り出すだろう

C あなたが言う程度のことでは、彼は腹をたてるだろう

D 彼の怒りに対して、あなたはあらゆる弁解をしてもよい

E あなたが何を言っても、彼は腹をたてるだろう

2 次の英文の和訳として最も適切なものを、次の中から一つ選びなさい。

Those who are rich are not always happy.

A 金持ちが必ずしも幸せだとは限らない

B その金持ちの人たちは幸せではない

C 金持ちはいつも不幸せだ

D その幸せな人たちは金持ちではない

E 金持ちは決して幸せになれない

3 次の日本文と同じ意味になるように下の英単語を並び替えたとき、前から5 番目にくる語はどれか。選択肢の中から一つ選びなさい。

私は忙しすぎて、旅行に行けない。

busy, too, to, go, trip, a, I, am, on

A to   B am   C go

D too   E trip

解答＆解説

1 E

whatever、whichever など −ever のついた関係代名詞を複合関係代名詞というが、「たとえ〜しようとも」と譲歩を表す場合もある。この場合、−ever で始まる節は副詞節である。

上の文は No matter what you may say, he will get angry. と書き換えることができる。

2 A

Nobody 〜（だれも〜でない）のように全体を否定することを「全体否定」というのに対し、not always 〜（必ずしも〜とは限らない）のように一部分を否定することを「部分否定」という。not always happy は部分否定で、「必ずしも幸せとは限らない」という意味になる。those who are rich は「金持ちの人たち」という意味。

以上より、Aの「金持ちが必ずしも幸せだとは限らない」が正解であることが分かる。

3 A

正しく並び替えると、'I am too busy to go on a trip.' となり、5番目にくる語はtoとなる。「too A to B」で、「Aすぎて、Bできない」となる。notを使わなくても、否定の意味を表す点に注意が必要である。

10

英語

4 次の英文の下線部の語句を一語で言い換えたものを、次の中から一つ選びなさい。

Mike succeeded to all the property.

A praise　　B alternate　　C involve

D inherit　　E pass

5 次の英文の和訳として適切なものを、次の中から一つ選びなさい。

I cannot but laugh.

A 私は笑わずにはいられない　　B 私は笑うことは出来ない

C 笑うのは失礼だ　　　　　　　D 笑う門には福来る

E 私は笑いを忘れてしまった

6 次の日本文に合う英文の（　　　）に入れる語句として最も適切なものを、次の中から一つ選びなさい。

彼女は「電話を切らないで！」と叫んだ。

She cried, "Don't (　　　) up on me！"

A cut　　B turn　　C hang

D keep　　E speak

7 次の日本文に合う英文になるように（　　　）に適切な語を、次の中から一つ選びなさい。

月曜日の朝までに宿題を提出しなさい。

Hand in your assignments (　　　) Monday morning.

A till　　B on　　C at　　D for　　E by

8 次の日本文と同じ意味になるように九つの語を並べるとき、3番目と5番目になる組み合わせとして最も適するものはどれか、次の中から一つ選びなさい。（3番目、5番目の順である）

助けていただいて大変ありがとうございました。

to,　you,　it,　me,　very,　of,　is,　kind,　help

A（you , help）　　B（very , of）　　C（me , kind）

D（kind , you）　　E（of , kind）

解答＆解説

4 D

「マイクはすべての財産を相続した」という意味の文である。

'succeed to A' は、「Aを相続する」という意味であるため、同じ意味を表すDが正解となる。Aは「褒める」、Bは「互い違いにする」、Cは「巻き込む」、Eは「通過する、受かる」を意味する。

なお、'succeed in A' は、「Aに成功する」という意味になるため、混同しないように。

5 A

"cannot but ＋ 動詞の原形" で「〜せずにはいられない」の意味。他に "cannot help 〜 ing" があり、同じ意味であるが口語的である。

6 C

イディオムの問題である。選択肢を（　　　）に入れてそれぞれの意味を考えてみる。

A) cut up「切り刻む」、B) turn up「現れる」、D) keep up「維持する」、E) speak up「大声で話す」という意味になり、いずれも日本文に合わない。C) hang up は「電話を切る」という意味である。よく使われるイディオムなので覚えておきたい。

7 E

前置詞の問題である。「〜までに」という期限を表す前置詞は " by " である。" till " は「〜までずっと」という継続的な期間の意味を表す。この二つの前置詞は混同しやすいので、違いをしっかり覚えておきたい。また " hand in " は「提出する」という意味。これは頻度の高いイディオムなので覚えておきたい。

8 B

It is very kind of you to help me. となる。話者の主観的評価を表す形容詞には例文のようにof を使うことになる。慣用表現なので覚えておきたい。

10

英語

9 次の日本文と同じ意味になるように並べてあるものを、次の中から一つ選びなさい。

タクシーを1台呼んでくださいませんか。

1．to　2．like　3．call a taxi　4．would　5．you　6．I

A 4　5　2　1　6　3
B 4　5　2　6　1　3
C 6　4　2　5　1　3
D 6　4　2　1　5　3
E 6　4　2　1　3　5

10 （　　　）内の語を日本文と同じ意味になるように並べ替える時、3番目にくる語はどれか、次の中から一つ選びなさい。

インフルエンザのため多くの生徒が学校を欠席した。

（ a, of, students, school, from, influenza, lot, coming, prevented, to ）

A prevented　　　B a　　　C of
D students　　　E influenza

11 次の五つの英文の中から、正しいものを一つ選びなさい。

A It is a seven hour's walks from Tokyo to Yokohama.

B It is three years since our family come to Kyoto.

C A police was gazing at a suspicious pedestrian.

D I prefered England to France.

E You had better not stay here.

解答＆解説

9 C

　I would like you to call a taxi. となる。"I would like＋人＋to＋動詞の原形" で「（人）に（動詞）してもらいたい」の意味になる。選択肢にはないが、Would you like to call a taxi for me? でも良い。選択肢に "I" はあるが、"for me" がないのでCが正解となる。

10 B

　"prevent A from B" で、「AがBすることを妨げる」という意味である。 この場合、インフルエンザが、多くの生徒が学校へ行くのを妨げたのだから主語は influenza。Aに当たるのは「多くの生徒」a lot of students で、Bに当たるのは 「学校へ行く」coming to school となる。並べ替えると、Influenza prevented a lot of students from coming to school. となる。よって３番目にくるの は "a" である。

11 E

　Eは、「あなたはここに滞在しないほうがよい」という意味で、誤りはない。A は、hour's walksをhour's walkに直す。Bは、comeをcameに直す。sinceの 後には過去の特定の時を表す語句か節がくるが、節の場合はその動詞の時制は過去 形が普通である。Cは、policeをpolicemanに直す。集合名詞の中で、常に衆多名 詞として用いられる、つまり形は単数でも常に複数として扱われるものにpolice、 clergy(聖職者)、cattle(牛)などがある。これらに a を付けることはなく、単数は policeman、clergyman、ox(cow、bull)となる。"a suspicious pedestrian" とは、「うさんくさい歩行者」という意味。Dは、preferedをpreferredに直す。 　preferやrefer、occur、starなどのように、-er、-ur、-arで終わり、そこに強 勢を置く語は、-edや -ingをつける時は r を重ねる。referはreferred、occurは occurring、starはstarringとなる。強勢がない語には、differはdiffered、suffer はsufferingと、rは重ねない。

10

英語

175

12 次の英文の中から、正しいものを一つ選びなさい。

A Being a liar, he cannot be relied.

B He bought some furnitures for his new house.

C The later half of this book is rather interesting.

D The sun shines bright.

E We shook hand and parted.

13 次の英文の（　　　　）内の意味と同じものを、次の中から一つ選びなさい。

I can't（make out）what you mean.

A despise　　B understand　　C criticize

D endure　　E extinguish

14 次の英文の（　　　　）内の意味と同じものを、次の中から一つ選びなさい。

What does UN（stand for）?

A represent　　B abandon　　C like

D understand　　E dislike

15 次の日本文と一致するよう、英文の（　　　　）に入れる語として最も適切なものを、次の中から一つ選びなさい。

我々は彼をこの国で最も有名な俳優だとみなしている。

We regard him（　　　）the most famous actor in this country.

A for　　B of　　C on

D in　　E as

12 D

Dは「太陽は明るく輝く」という意味で、正しい。"bright"は、brightlyという副詞と同じように用いられる。この他にも、fair、fine、loud、slow、smoothなども、-lyをつけた副詞と同じように用いられることがある。

Aはrelied を relied on（または upon）に直す。Bはfurniture は不可算名詞で、furnitures を furniture に直す。furniture を数える場合は、two pieces of furniture のようにいう。Cはlater を latter に直す。later の比較変化は、late－later－latest と、late－latter－last の二つの系列がある。later は「（時間が）より遅い」の意味で、earlier に対する語である。latter は、「順序が（後の）」「後者の」の意味。Eは、hand を hands に直す。

13 B

英文は「私はあなたの言っていることが理解できない」の意味。
〈選択肢の訳〉A）despise 軽蔑する C）criticize 批判する
D）endure 我慢する E）extinguish（灯りを）消す

14 A

"stand for"は、「表す」という意味のイディオムである。英文は「UNは何を表していますか？」と訳すことができる。UNは、United Nations（国際連合）の略語である。Aの represent は「（動物・記号などが）～を表す、象徴する」という意味で、ほぼ同じである。Bの abandon は「放棄する」、Cの like は「好む」、Dの understand は「理解する」、Eの dislike は「好まない」。

15 E

選択肢を（　　　）に入れて、文意に合わない選択肢は除外していく。
for、of、on、in はいずれも不自然な文になり、日本文と一致しない。regard A as B の形で「AをBとみなす」という意味のイディオムになる。as には「～として」という意味がある。したがって regard him as the most famous actor の英訳は「彼を最も有名な俳優としてみなす」となり、答えはEの as であることが分かる。

16 次の英文の説明として最も適切な語を、次の中から一つ選びなさい。

A message that is written down or printed on paper and sent to another.

A envelope   B printing   C letter

D signature   E parcel

17 次の英文を読んで、後の問いに答えなさい。

The beaver builds its home from the inside out. It starts building in the early autumn. The house is made out of mud, sticks, and grass to protect against the cold in winter and against hungry animals. Like an old castle, it is usually surrounded by water and often built on a small island in a pond. In order to make an island for the house, the beaver must pile up mud and hundreds of sticks in the pond. The beaver gets sticks from bushes and branches of trees. Finally, the top of the pile rises a few inches above the water. The island will serve as the floor of the house.

（注）beaver　ビーバー

英文の内容から考えて、文中の下線部の意味に最も近い語を、次の中から一つ選びなさい。

A damage   B be   C keep

D surround   E build

18 次の英文の（　　　　）に入る適切な語を、次の中から一つ選びなさい。

（　　　　）is the money that you pay for a journey, for example, by bus, train, or taxi.

A gold   B cost   C charge

D fee   E fare

19 次の日本文の意味にあう英文の（　　　　）に入れる語句として最も適切なものを、次の中から一つ選びなさい。

ジェフは十分善悪の区別がわかる年齢だ。

Jeff is (　　　　) to understand the difference between right and wrong.

A old too   B old enough   C being older

D enough old   E too old

解答＆解説

16 C

英文の訳は、「紙に書かれてまたは印刷されて別の人に送るメッセージ」。すなわち「手紙」のことである。問題文の意味がわからない場合は関係代名詞などをはずし、主要な単語だけを訳してみる。 message、written、printed paper などを並べてみると見当がつくはずである。正解はCの letter である。

〈選択肢の訳〉A）envelope　封筒、B）printing　印刷物、C）letter　手紙、D）signature　署名、E）parcel　小包

17 B

英文は次のように訳せる。「ビーバーはその巣を内側から外へと作る。秋の早い時期に作り始める。巣は冬の寒さや飢えた獣から守るために、泥や棒や草から作られる。古い城のように、それは大抵水に囲まれ、しばしば池の小さな島の上に作られる。巣のための島を作るには、ビーバーは泥と何百本もの棒を池に積み上げねばならない。ビーバーは藪や木の枝から棒を取って来る。ようやく、積み上げられたものの一番上が水面より数インチ上に出ると、その島は巣の床となるのだ」。

"serve as 〜"「〜として役立つ、〜の役目をする」で、"be"「〜になる」と置き換えても文意は変わらない。

18 E

"fare" は運賃、乗車料金である。

〈選択肢の訳〉A）gold　金貨、金　B）cost　経費、費用（the cost of living は生活費）　C）charge　料金、手数料、使用料（the hotel charges はホテル代）D）fee　入学金、入会金、報酬（a lawyer's fee は弁護士料）

19 B

（　　）に選択肢を入れて意味を考えてみる。Aの old too、Cの being older、Dの enough old はいずれも文法的に文として成り立たない。Eの too old は、「年を取りすぎていて善悪の区別がわからない」という意味になるので日本文に合わない。したがってBの old enough が正解である。 … enough to 〜 の形で「〜するのに十分…だ」の意味になることを覚えておこう。

20 次の英文の下線部に適する語句を選択肢の中から一つ選びなさい。

There would sometimes be _____ thirty-five or forty people in one field during the berry-picking season.

A too many for   B so many   C as many as

D as many   E all the more

21 次の英文の（   ）に入る適切な語を、次の中から一つ選びなさい。

We had a lot of trouble with our house. (   ), we decided to move out.

A In the end   B From the end   C To the end

D On the end   E For the end

22 次の各英文のうち、下線部に誤りを含むものを、次の中から一つ選びなさい。

A It has been one year since our father died.

B Our father has died one year ago.

C Her house was being built last month.

D I was spoken to by a foreigner just now.

E Yesterday I was asked if I was well enough.

23 次の会話文の（   ）に入る適切なものを、次の中から一つ選びなさい。

Sachiko : I'm so sorry to be late.

Jack : (   ) The meeting hasn't started yet.

Sachiko : I'm glad to hear that.

A That's a pity.

B That's all right.

C You are too late.

D You are welcome.

E That's not the issue.

解答＆解説

20 C

"as many as" は、「～と同じ数だけ、～ほども」の意味である。 Take as many as you like.（あなたが欲しいだけ持っていっていいよ）などと用いる。この文の和訳は、「いちご摘みの季節には、一つの畑に35人から40人ほどの人がいたのだった」である。Aの "too many for" は、「～に勝って、～を圧倒して」の意味。Bの "so many" は、「非常に多数、同数の（やや冗談的に用いることが多い）、ある数の」、Dの "as many" は、「同数の」の意味で前に数詞が必要なので不適。Eの "all the more" は、「それだけ一層、なおさら、かえって」の意味。

21 A

英文は、「私たちは家のことで大変苦労して、けっきょく引っ越すことに決めた」という意味である。Aの "In the end" は「結局、ついに」という意味のイディオムである。Cの "To the end" は「最後まで」という意味で、この文には合わない。B、D、Eの選択肢は、一般的にイディオムとしては使用されない。

22 B

Bの下線部を過去形の died にすれば正しい文になる。"～ ago"「～前」などの、はっきりと過去を表す語句は、現在完了形には使えない。
〈選択肢の和訳〉A）「私たちの父が亡くなってから１年になる」 B）「私たちの父は１年前に亡くなった」 C）「彼女の家は、先月、建てられているところだった」 D）「私は、たった今、外国人に話しかけられた」 E）「昨日、私は十分に健康かどうか尋ねられた」

23 B

Aは「それは残念だな」、Cは「君は遅過ぎだよ」、Dは「どういたしまして」で相手に感謝された時の返事。Eは「そんな問題ではないんだよ」と、話題のポイントがずれていることを指摘する際に使用する。会話文の内容は、
サチコ：遅れて本当にごめんなさい。
ジャック：大丈夫だよ。会議はまだ始まっていないよ。
サチコ：それはよかった。

10

英語

181

24 次の会話文で２カ所の下線部を補うのに共通する適切な語を、次の中から一つ選びなさい。

Kenji : In Japan people take their shoes off when they go into the house and put them on when they go out.

Tom : Do they _____ shoes like ours?

Kenji : Yes, many Japanese do. They also _____ a kind of wooden shoes that can be put on very easily.

A take　　B make　　C walk

D wear　　E buy

25 次の英文の内容にふさわしい語または語句を、次の中から一つ選びなさい。

excessive bureaucracy or formality especially in public business

A white paper　　B blue ribbon　　C yellow dog

D red tape　　E blackmail

26 次の英文を読んで設問に答えなさい。

Let me tell you where I was when the terrorist attack occurred in New York on September 11th. I was on the subway on my way to work when the first plane hit the tower. I noticed groups of people standing on the corners looking south and a man ran past me and asked if I had heard what happened. I said I hadn't and he told me a jet crashed into the World Trade Center. I was shocked!

下線部に入れるのに適切な文を次の中から一つ選びなさい。

When the terrorist attack occurred, _____.

A I was walking to the subway station

B I was going to the tower

C I was in the office

D I was going to work by subway

E I was looking south

解答＆解説

24 D

"put on" は、身につける「動作」を表し、"have on" は、一時的に身につけている「状態」を述べ、"wear" は着用するという「一般的、習慣的な事実」か、ある時に着用しているという「状態」(=have on)を表す。二人の会話は、次のような内容である。

ケンジ：日本では、人々は家の中に入る時は、靴を脱ぎ、外へ出る時は靴を履くんだ。

ト　ム：僕たちと同じような靴を履いているの？

ケンジ：そう、大抵の人はね。履くのがとても簡単な木の靴(＝下駄)を履いている人もいるよ。

25 D

英文は「特に公務での過度の官僚主義、形式主義」の意味。"red tape" は、「官僚的形式主義、お役所仕事」の意味で There is too much red tape in this office. (この職場は官僚主義過ぎる) のように使う。

Aのwhite paperは「政府発行の白書」、Bのblue ribbon は「勲章の青リボン」、Cのyellow dog は「臆病者、野良犬」、Eのblackmail は「恐喝、ゆすり」の意味である。お役所が red tape で書類を束ねていたことに由来している。

26 D

あらかじめ設問を読んで、設問を念頭に置きながら長文を読むと答えが見つけやすい。設問は「テロリストの攻撃が起きた時に〜」という意味で、その後に続く文を探す問題である。冒頭部分に I was on the subway on my way to work (仕事に向かう途中で、地下鉄に乗っていた) とある。これに最も近いのはDの I was going to work by subway. である。

〈選択肢の和訳〉

A) 私は地下鉄の駅に（向かって）歩いていた

B) 私はタワーに行くところだった

C) 私はオフィスにいた

D) 私は地下鉄で仕事に向かうところだった

E) 私は南のほうを見ていた

次の文を読んで、後の問に答えなさい

The city of San Francisco is discouraging smoking. But instead of stressing the harmful-to-the-health aspects of the habit, San Francisco's campaign is concentrating on civil rights－in this case the rights of non-smokers. In a recent election, city voters became the first in the United States to pass a law requiring all employers to provide "smoker-free zones" in their workplaces. The new law says that employers must write an office policy that takes into account the wishes of smokers and non-smokers. But if even one non-smoker objects to the policy, smoking in the work place must be banned altogether. Any employer who doesn't comply with the law will be fined 500 dollars a day until he does.

サンフランシスコの禁煙に関する法律の内容として正しいものを選択肢の中から一つ選びなさい。

A 喫煙者は、毎年500ドルを税金として納めなければならない

B 雇用者は、職場を禁煙スペースと喫煙スペースに分割する必要がある

C 雇用者が法律に違反すると、1日500ドルの罰金を支払う必要がある

D 従業員は、会社の方針に反対であっても、禁煙区域を厳守する必要がある

E 非喫煙者は、雇用者から毎日500ドルの手当てを受け取ることができる

解答＆解説

27 C

英文は次のように訳せる。

「サンフランシスコ市は、喫煙をやめさせようとしている。しかし、この習慣の健康に有害な側面を強調する代わりに、サンフランシスコ市の運動は市民の権利、この場合は非喫煙者の権利に集中している。最近の選挙で、市の有権者は、すべての雇用者に対して職場に禁煙区域を設置するよう求める法律を通過させたアメリカで最初の人々になった。その新しい法律には、雇用者は喫煙者と非喫煙者の希望を考慮にいれた会社の方針をつくらなければならないとしている。しかし、もし、たとえ一人の非喫煙者でも会社の方針に反対すれば、職場での喫煙は全面的に禁止されなければならない。この法律に従わないどんな雇用者も、その法律に従うまで、1日に500ドルの罰金を課せられることになる」。

以上の内容により、Cが正しい。

28 次の英文を読んで設問に答えなさい。

Thanksgiving Day is celebrated on the last Thursday of November in the United States. In Canada it is celebrated on the second Monday in October. The first Thanksgiving was held in Massachusetts in 1621. The Pilgrim colonists wanted to give thanks to God for their harvest. Today it is still celebrated as a day for giving thanks. It is a day of family gathering.

In my family, we go to my grandfather's house in California. All of my relatives－aunts, uncles and cousins－meet for a family reunion. We usually invite some friends as well to join us. Everyone is happy to see everyone else. The women soon go into the kitchen to help my grandmother prepare the dinner. Meanwhile, the men watch a football game on television or talk about politics or business. Thanksgiving Day is one of the few days of the year when the whole family gets together.

In Canada, when is it celebrated on Thanksgiving Day?

A on the second Thursday in November
B on the last Thursday in November
C on the last Thursday in October
D on the second Monday in October
E on the last Monday in October

28 D

英文は次のように訳せる。

「アメリカ合衆国では、11月の最後の木曜日に感謝祭が行われます。カナダでは、10月の第2月曜日に行われます。最初の感謝祭は、1621年にマサチューセッツで開催されました。ピルグリムファーザーズの入植者たちが、神に収穫の感謝を捧げたかったのです。神の与えてくれる収穫に感謝を捧げる日として、今なお行われています。感謝祭は家族が集まる日です。

私の家族は、カリフォルニアにある祖父の家に行きます。私の親戚のみんな－叔母、叔父といとこたち－と再会します。大抵、私たちの友達も誘ってその中に加わります。みんなお互いに会えることが楽しいのです。女性たちは、祖母の夕食の準備を手伝うために、すぐに台所に入ります。その間、男性たちはテレビでフットボールを観戦したり、政治やビジネスについて語り合います。感謝祭の日は、家族全員が集まる1年でも数少ない日の一つなのです。」

問「カナダではいつ感謝祭が行われますか」

最初のパラグラフにIn Canada it is celebrated on the second Monday in October.（カナダでは10月の第2月曜日に行われます）とある。従ってDが正しい。

〈選択肢の和訳〉

A）11月の第2木曜日　B）11月の最後の木曜日　C）10月の最後の木曜日
D）10月の第2月曜日　E）10月の最後の月曜日

10

英語

29 次の英文を読んで、後の問いに答えなさい。

Did you know that Mother Teresa was born in a country called Yugoslavia in Europe? After teaching at a girls' school for 16 years in Calcutta, one day God spoke to her. God told her to serve the poorest people in the world. After that day, she worked very hard to help poor people.

I was so moved by her kind heart to help others and endless love for every person, that I, too, wanted to try the kind of work that she was doing. So with two friends I flew to Calcutta.

文中の下線部に書き換えられないものを、次の中から一つ選びなさい。

A I traveled to Calcutta by plane

B I went to Calcutta by air

C I got on a plane and went to Calcutta

D I went to Calcutta on a plane

E I used a plane to Calcutta by sky

解答＆解説

29 E

　Eの "use a plane to … by sky" という表現は英語にはない。英文の和訳は次のようになる。「あなたは、マザー・テレサがヨーロッパのユーゴスラビアと呼ばれている国で生まれたことを知っていましたか。カルカッタの女子学校で16年間教えた後、ある日神が彼女に話しかけた。神は彼女に、世界で最も貧しい人々のために働くように告げた。その日から、彼女は貧しい人々の手助けをするためにとても熱心に働いた。私は他人を助ける彼女の親切な心、そしてすべての人に対する無限の愛にとても心を動かされたので、私もまた彼女がしていたような仕事をやりたかった。それで二人の友達と一緒にカルカッタへ飛行機で行った」。

〈選択肢の和訳〉

A）私は飛行機でカルカッタへ移動した

B）私は空路でカルカッタへ行った

C）私は飛行機に乗ってカルカッタへ行った

D）私は飛行機でカルカッタへ行った

Part2

傾向と対策

　一般常識試験では基礎知識や表現能力が求められています。これらの試験を攻略するため、近年の傾向と対策しておきたいポイントを紹介します。各分野の重要項目を押さえ、予習しておきましょう。

国語

　国語では、漢字の読み書きや四字熟語、同音異語などが出題されます。下記の内容を確認しておきましょう。

●漢字の読み書き

■書き間違えやすい漢字

　講議→講義／感概→感慨／幣害→弊害／復雑→複雑／専問→専門、など

■間違えやすい四字熟語

　異句同音→異口同音、など

■読み仮名では熟字訓に注意

　神楽（かぐら）／五月雨（さみだれ）、など

●四字熟語

■よく出る四字熟語（意味が重要なもの）

　当意即妙／傍若無人、など

■数字を使った四字熟語（数字の部分が空欄にされることが多い）

　十人十色／四苦八苦、など

●慣用句

■人間の体の部分を用いたもの

　目を掛ける／口を切る／手がこむ、など

■動植物に関係のあるもの

　猫を被る／蜘蛛（くも）の子を散らす、など

●ことわざ

■意味の似たことわざ

　言わぬが花＝沈黙は金、雄弁は銀／嘘（うそ）から出たまこと＝瓢箪（ひょうたん）から駒が出る、など

■意味が反対のことわざ

　君子は危きに近寄らず⇔虎穴に入らずんば虎子を得ず、など

■意味を間違えやすいことわざ

　情けは人の為ならず

　（誤）人に情けをかけるのはその人のためにならない

　（正）人に情けをかけることは自分のためにもなる、など

●故事成語

　一炊の夢（＝邯鄲（かんたん）の夢）／五十歩百歩／塞翁が馬／四面楚歌、など

●敬語　（注：最近、とくに出題が増えている分野です！）

■敬語の3種類

　　①尊敬語②謙譲語③丁寧語（このほかに「美化語」を分類することもある）、など

■尊敬動詞と普通動詞

　　いらっしゃる⇔いる、来る、など

■謙譲動詞と普通動詞

　　申す⇔言う、など

◉**文学作品**　（注：俳句、短歌、詩、小説の作品と作者名など）

■俳句

　　松尾芭蕉の句を中心に覚える。季語と季節も確認

　　（例）閑さや岩にしみいる蝉の声（季語は「蝉」、季節は夏）切れ字（「や」「かな」

　　「けり」など）は感動の中心を表す

■短歌

　　万葉集・古今和歌集などの古典作品の他、石川啄木、与謝野晶子、北原白秋など

　　の明治〜大正期に活躍した歌人の作品、現代の俵万智の作品などをチェック

■小説　主要作品と作者を結びつけて覚える

◉**国語知識**

■各月の異名　一月…睦月、など

■ものの数え方　イカ…一杯、など

地　理

　　日本地理の出題が多いと思われます。地理の苦手な人には、日本地理を重点的
に学習されることをおすすめします。

　　出題が多い事項と、それぞれの事項のポイントを挙げてみましょう。

◉**都道府県や都市に関するもの**

　　47都道府県の県庁所在都市。とくに県名と県庁所在地が異なる都市。岩手県（盛
岡市）、宮城県（仙台市）、など

◉**都道府県の特徴、特産品や著名な観光地**

　　（例）東京都——印刷・出版業第1位

◉**旧国名（江戸時代まで）と現在の都道府県との対照**

◉自然に関するもの

山、河川、湖沼、地形、山地、山脈、平野、土壌などの「日本一」「著名」なもの、など

◉産業に関するもの

主要農産物の生産高ベスト3の都道府県、など

(例) 米——北海道・新潟県・秋田県

◉日本の工業の特徴

四大工業地帯・工業地域と、それぞれの特徴／産業の種類／時代による推移／産業別就業人口（第一次5%、第二次31%、第三次64%）、など

◉産業の発達と環境問題

公害の発生——四大公害病（水俣病、四日市ぜんそく、イタイイタイ病、新潟水俣病）、など

◉交通・運輸

新幹線網／連絡橋、など

◉人口問題

高齢化大国日本／日本の文化や生活の特徴、など

◉地理の基礎に関するもの

地図の種類と特徴／地図記号／地図のきまり／地形図、縮尺

◉世界・日本の気候の分類とそれぞれの気候帯の特徴

◉各国の様子

アメリカ合衆国／EU諸国／中国／東南アジア、など

◉世界の産業

世界の農業／工業／鉱業／主要都市、など

◉世界の気候帯

歴 史

歴史でよく出題されるのは、日本文化史・日本と世界の主要な出来事です。下記の出来事や文化、人物などを確認しておきましょう。

◉日本文化史

■天平文化（奈良時代）

正倉院とその宝物／唐招提寺金色堂／「古事記」「日本書紀」「万葉集」

■国風文化(平安時代)

　寝殿造／平等院鳳凰堂／中尊寺金色堂／「古今和歌集」「土佐日記」「源氏物語」「枕草子」、など

■鎌倉文化（鎌倉時代・力強い武家文化）

　東大寺南大門（天竺様）／円覚寺舎利殿（唐様）／金剛力士（仁王）像（運慶、快慶）／似絵（肖像画）／「新古今和歌集」「方丈記」「平家物語」、など

■北山文化（室町時代前期・足利義満）

　金閣寺／能楽（観阿弥、世阿弥）／狂言、など

■東山文化（室町時代後期・足利義政）

　銀閣寺／書院造／水墨画（雪舟）、など

■元禄文化（江戸時代、17世紀末〜18世紀初頭）

　浮世草子（井原西鶴）／人形浄瑠璃（近松門左衛門）／俳諧（松尾芭蕉）／装飾画（俵屋宗達、尾形光琳）／浮世絵（菱川師宣）、など

■化政文化（江戸時代、18世紀末〜19世紀初頭）

　文学（十返舎一九、滝沢馬琴）／俳諧（小林一茶）／浮世絵（喜多川歌麿、葛飾北斎、安藤広重）、など

■近代文化

　細菌学（北里柴三郎、志賀潔、野口英世）／文学（二葉亭四迷、夏目漱石、森鷗外、樋口一葉）、など

◉主要なできごと

■日本

大化の改新／律令制度／摂関政治／院政／執権政治／承久の乱／元寇／南北朝の動乱／応仁の乱／戦国大名／鉄砲の伝来／キリスト教の伝来／関ヶ原の戦い／鎖国／三大改革／明治維新／版籍奉還／廃藩置県／四民平等／日清・日露戦争／第一次世界大戦／第二次世界大戦／原爆投下と終戦／ポツダム宣言／国際社会復帰／日米安全保障条約、など

■世界

四大文明／ルネサンス／宗教改革／イギリス清教徒革命／イギリス名誉革命／産業革命／アメリカ独立戦争／フランス革命／アヘン戦争／アメリカ南北戦争／ロシア革命／ベルサイユ条約／世界恐慌／国際連合／朝鮮戦争／東西ドイツの統一／ソ連の解体／アメリカ同時多発テロ事件、など

生 物

　生物は、植物分野・動物分野・食物連鎖分野に分けることができます。就職試験には、いずれの分野もよく出されるので、まんべんなく学習しておくことが必要です。

　各分野について、よく出される事項を中心に、覚えておきたい事柄をあげてみましょう。これらの事項について、分からない用語などは、高校時代の教科書、用語集などで必ず調べてほしいものです。その上で、簡単な問題集など（中学〜高校初級レベルのもの）で練習するとよいでしょう。

●植物分野
　顕微鏡の使い方／水中の小さな生物の名称／花のつくり／裸子植物と被子植物／光合成の意義としかた／根・茎・葉のはたらき／植物の種類とその特徴／生物の細胞（細胞の構造・細胞分裂・植物の増え方）、など

●動物分野
　動物の特徴／動物の分類／体温と呼吸のしかた／無脊椎動物／消化と吸収／呼吸と血液／神経系統／動物の増え方／遺伝／細胞／食物連鎖、など

物 理

　電流、仕事、エネルギーをはじめ、各分野を丁寧にチェックしましょう。基本的な法則や用語については、高校時代の教科書や用語集を利用して、主要なものだけでも確認しておきましょう。主な出題ポイントは次の項目です。

●光と音
　光の性質／レンズのはたらき／音の性質／ドップラー効果／音の速さ、など
●力と圧力
　力の表し方／力の3要素／質量と重さ／抗力・張力・摩擦力／圧力／滑車を使った計算、など
●電流と電圧
　電流／電圧／抵抗・直列回路と並列回路／オームの法則／導体と半導体、など
●電流と発熱
　直流と交流／電流による発熱／ジュールの法則／電力量、など

◉**物体の運動**

　運動の表し方／平均の速さ／等速直線運動／慣性の法則／投げ上げ問題、など

◉**エネルギー**

　エネルギーの種類／仕事／力学的エネルギー保存の法則、など

化　学

　重要事項について、分からない用語などは、中学・高校時代の教科書、用語集などで必ず調べてほしいものです。その上で、問題集などで練習をしておくとよいでしょう。

◉**身のまわりの物質→特に気体の発生法と性質**

　水素・酸素・二酸化炭素・アンモニアなどと気体の集め方（水上置換法・上方置換法・下方置換法）、など

◉**水溶液と中和→特に酸性とアルカリ性**

　酸性…青色リトマス紙を赤色に変える

　アルカリ性…赤色リトマス紙を青色に変える

◉**物質の状態変化→特に状態変化の名称**

　固体→液体…融解／液体→固体…凝固／液体→気体…蒸発、など

◉**おもな原子記号**

　水素H／炭素C／窒素N／酸素O／ナトリウムNa、など

◉**化学変化と質量**

　質量保存の法則、など

◉**酸化と還元**

　名称と原理、など

◉**化学変化と電気エネルギー**

　電池の原理、など

◉**イオンの原理とイオン化傾向**

地　学

　地学分野は、大別して「地球」と「天体」に分けることができます。近年は、地球環境保護の観点から、地球温暖化現象への関心が高く、この分野の出題が予想されます。また、地震への関心も高いと思われます。その他、中学・高校の範

囲（特に中学の範囲）を中心とした地学の基本知識も確実に身につけておきたいものです。基本事項としてチェックしておきたい事項を挙げておきましょう。

◉地層と化石
堆積岩の種類／石灰岩とチャート／地層・化石の２種類／地質時代の名称とおよその時代、など

◉火山
火山の噴出物／火山の形／火成岩／造岩鉱物、など

◉地震
Ｐ波とＳ波／震度とマグニチュード、など

◉天気
気圧と天気／気団と前線／前線の種類／天気変化の規則、など

◉太陽系と地球
太陽についての知識／天球と太陽の動き／地球の自転と公転／太陽系惑星の名称と特徴、など

数 学

　数学は、暗算などの基本的な問題からｎ進法・図形問題などの応用問題まで幅広く出題されます。四則演算、分数、比、連立方程式などの基本計算の復習をしておきましょう。また、速さ、濃度、確率などの基本公式があるものを押さえておきましょう。

◉食塩水

$$濃度（\%）＝\frac{食塩〔g〕}{食塩水〔g〕}×100 \qquad 食塩水〔g〕＝食塩〔g〕＋水〔g〕$$

◉速さ

距離＝速さ×時間

$$速さ＝\frac{距離}{時間}$$

$$時間＝\frac{距離}{速さ}$$

◉仕事算

$$1日の仕事量＝\frac{1}{所要日数}$$

$$全体の仕事日数＝\frac{1}{1日の仕事量の和}$$

◉売買損益

　定価＝原価×（１＋利益率）

　売価＝定価×（１－割引率）

　利益（損失）＝売価－原価

◉順列・組み合わせ

　順列……$_nP_r$

　組み合わせ……$_nC_r$

【余事象】すべての場合の数－Aが起こる場合の数＝Aが起こらない場合の数

【積の法則】ＡとＢが連続して起こる　→　Ａの起こる場合の数×Ｂの起こる場合
　　　　　　　の数で計算する

【和の法則】ＡまたはＢが起こる場合　→　Ａの起こる場合の数＋Ｂの起こる場合
　　　　　　　の数で計算する

◉確率

　確率＝$\dfrac{\text{ある事象が起こる場合の数}}{\text{起こりうるすべての場合の数}}$

【積の法則】ＡとＢが連続して起こる確率＝Ａの起こる確率×Ｂの起こる確率

【余事象】Ａが少なくとも１回起こる確率＝１－Ａが１回も起こらない確率

◉n進法

　n進法の問題については、２つの解法をマスターする

　　①10進法→n進法の場合

　　┌────────────────────────────┐
　　│10進法のもとの数をn進法のnで次々と割っていく│
　　└────────────────────────────┘
　　　⇩
　　┌────────────────────────┐
　　│最後の商と余りを下から順に並べる│
　　└────────────────────────┘
　　　⇩
　　┌──────────┐
　　│これが答え│
　　└──────────┘

　＜例題＞10進法の150を３進法にする

```
    3 ) 150
    3 )  50 … 余り0
    3 )  16 … 余り2
    3 )   5 … 余り1
          1 … 余り2
```

　最後の商→余り（最後のものから最初の方へ）　を並べる。

　１２１２０

傾向と対策

②n進法→10進法の場合

（例）n進法のａｂｃｄｅという５ケタの数を10進法に直す

　　ａ×n^{5-1}＋ｂ×n^{5-2}＋ｃ×n^{5-3}＋ｄ×n^{5-4}＋ｅ

＜例題＞３進法の12120（５ケタ）を10進法にする

　　$1×3^{5-1}+2×3^{5-2}+1×3^{5-3}+2×3^{5-4}+0$

　＝$1×3^4+2×3^3+1×3^2+2×3^1+0$

　＝$1×81+2×27+1×9+2×3+0$

　＝$81+54+9+6+0=150$

●体積

【円柱の体積】

底面の半径 r、高さ h の円柱

$V = \pi r^2 h$

【円錐の体積】

底面の半径 r、高さ h の円錐

$V = \dfrac{1}{3} \pi r^2 h$

【球の体積】半径 r の球

$V = \dfrac{4}{3} \pi r^3$

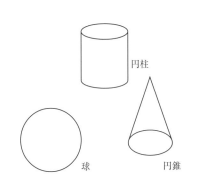

円柱

球　　　　　円錐

社会一般

　現代の政治や経済は、ダイナミックな動きを見せ、そのさまざまな制度や現象について出題される可能性があります。基本は、政治や経済の基礎理論・知識です。対策としては、「基礎知識の習得＋現在の動き」の両面を理解しておく必要があります。

●政治分野のポイント

①日本の統治機構（国会・内閣・裁判所）、など

②選挙の仕組み（任期、被選挙権、解散の有無、選挙制度）、議員定数不均衡、など

③日本が直面している政治的課題、国会などの勢力の現状、など

④外交・防衛・労働・福祉・教育・少子高齢化・環境の諸問題、など

　■よく出る政治課題…年金改革、消費税、憲法改正、雇用問題（非正規雇用・ニート）、原子力・エネルギー問題、公務員制度、財政再建、景気対策、領土問題、裁判員制度、など

●経済分野のポイント
　①日本の経済・財政状況の現状と問題点、など
　②経済・金融の基礎知識、重要経済用語、など
　③世界経済の現状、欧州経済危機、など
　　■よく出る経済課題…財政（国債の種類、国債発行高、予算）、税制（直接税・間接税の種別、税制改革）、景気対策、インフレーション、デフレーション、株価、規制緩和、雇用延長、内需拡大、累進課税、外国人労働者問題、など

英語

　就職試験は、大学入試と比べて、会話力を見るもの、作文力を見るものが多く出題される可能性があります。もちろん、大学入試と同形式の、長文読解、和訳、文法などもよく練習しておくことは大切です。この場合、とくに時事英語のウエイトを高くして学習しておくことをおすすめします。新聞ダイジェストや、週刊の英語新聞、各種英語雑誌など、学習材料は豊富にありますから、最新の話題を英語で表現したものを使用するとよいでしょう。特に英作文に効果的です。

　読解や文法に関しての基本は中学英語です。単語や文法は、まず中学～高校基礎レベルを確実にすることが大切です。英語攻略のコツをあげておきましょう。

1. 長文を読むときは、頭から読み下していく
　①次にくる内容を予測しながら読む
　②頭から順に読んで、意味の切れ目でいったん区切る
　③その都度日本語に訳さず、できるだけ英語のまま理解することを心掛ける

2. 単語の意味が分からないときの対処法
　①まず品詞の見当を付ける
　②その文中で、プラスイメージで使われているか、マイナスイメージで使われているかの見当を付ける
　③語中に知っている語が含まれていないか？

3.「時事単語」は常にチェックして覚える。
　（例）６カ国協議　Six-Party Talks ／主要国首脳会議　Group of Eight ／温室効果ガス　Greenhouse Gas、など

編　集	有限会社ヴュー企画(野秋真紀子)
カバーデザイン	掛川竜
本文デザイン	有限会社プッシュ

内定獲得のメソッド
一般常識　即戦力 問題集

問題作成	日本キャリアサポートセンター
編　者	マイナビ出版編集部
発行者	滝口直樹
発行所	株式会社マイナビ出版
	〒101-0003
	東京都千代田区一ツ橋2-6-3 一ツ橋ビル2F
	電話　0480-38-6872（注文専用ダイヤル）
	03-3556-2731（販売）
	03-3556-2735（編集）
	URL　http://book.mynavi.jp
印刷・製本	大日本印刷株式会社